느리게 행복하게 걷고 싶은 길

제주올레

느리게 행복하게 걷고 싶은 길

제주올레

이해선 포토에세이

터치아트

추천의 글
올렛길 홀로 걷기

가족이란 족쇄와 멍에로부터, 진부한 일상 속에 톱니바퀴처럼 서 있는 원망과 분노의 고단함으로부터, 전시의 야전병원처럼 소름끼치는 비명소리가 넘치는 생활의 주둔지를 벗어나기 위하여, 때로는 부질없고 혹은 질식할 것 같은 세상을 어떻게 살아야 할지 문득 알 수 없게 되었을 때를 위하여, 아무것도 하지 않거나 아주 사소한 것만 기대하기 위하여, 오랜 동안 먼길을 떠났다가 다시 돌아오는 것을 벌써 여러 해째 반복하고 있다.

보부상들의 땀과 눈물, 그리고 민초들의 정한이 계곡과 산 코숭이마다 서려 있는 문경새재의 옛길. 삼짝거리에서 낯선 행인을 만나도 멀뚱하게 쳐다보기만 할 뿐 짖을 줄을 모르는 산중 개들이 살고 있는 지리산 둘레길. 거친 파도가 가오리처럼 납작하게 엎드린 어부들의 작은 집 구들장 밑에까지 들락거리는 동해안의 해안도로. 바다, 그리고 그 거친 파도 수만리를 한달음으로 달려온 바람이 가슴속에 켜켜이 쌓인 더러운 식은땀을 세척해 주는 제주의 올렛길과 고만고만한 오름들…….

산주름만 겹겹하여 아득하기만 한 첩첩산중 깊은 곳, 생기다 말았는지 생겼다가 사라져가고 있는지 짐작할 수 없는 우중충한 산골 마을 들머리에 허물어져 가는 돌담, 그 돌담 아래 차가운 가을 기운에 하얗게 질린 채 피어 있는 민들레 한 송이. 하잘 것이 없다고 여기는 그 들꽃 한 송이를 처연하게 내려다보고 있는 또 다른 나를 발견한다. 콧등이 땅에 스칠 듯 하염없이

늙은 노파가 작은 마당에서 혼자 깨를 털고 있다가 말 걸어주는 길손이
고마워 식은 파전 한 접시를 내놓는다. 공짜로 내주는 파전을 한 입 베어
물다가 문득 돌아가신 어머니가 생각나 눈시울을 붉힌다.

기다리는 버스의 경적 대신 뒷산 뻐꾸기 울음소리만 휑하게 뚫린 마을
한 길을 주섬주섬 달려나가는 조그만 면소재지. 그런 짧은 치마로
과도하게 드러난 허벅지 살을 가리기에는 어렵게 보이는 김 마담이
내온 달고 단 커피 한 잔이 풀어주는 여정의 피로. 아침 햇살이 작살처럼
반사되는 어촌식당 앞마당, 예리한 호비칼로 내장을 몽땅 도려냈는데도
빙판에 낙상이라도 하듯 척추를 뒤척여 곤두박질을 멈추지 않는 활어의
몸부림으로부터 발견하는 소름끼치는 생명력. 선착장 한쪽에 쌓아둔 그물
더미에서 겨울 양미리를 뜯어내고 있는 어촌계 아줌마들의 멈출 줄 모르는
수다에서 저절로 얻어내는 넉넉함. 지금까지 제주 올렛길 열여섯 코스를
개척한 서명숙씨와 그의 사람들이 보여주는 눈썰미.

진달래가 필 때는 수리부엉이의 번식기이고, 야생화인 과불 주머니에는
노린내가 난다. 복수꽃은 산기슭의 눈 속에서 꽃을 피우고, 얼른 보면
자두꽃은 벚꽃처럼 생겼고, 쇠뜨기는 옥수수처럼 생겼다. 거미들이 처음
집을 지으려 할 때는 나뭇가지 사이를 지나는 바람에 의존한다는 것.
바닷가 인적 없는 갈대밭으로 들어가면, 갑자기 어디선가 바람이 불어와
갈대를 어지럽힌다. 그러나 그것은 바람이 아니라 갈대를 먹기 위해

줄기에 매달려 있던 게들이 인기척에 놀라 갯벌로 도망하는 소리였다. 오징어에 붙어 있는 긴 두 다리는 짝짓기할 때 암컷을 힘껏 껴안는 도구란 것도. 그 모두가 걷는 길에서 터득하고 섭취한 보석과 같은 자연의 오묘한 섭리들이었다. 넓은 길이든 좁은 길이든 걷기 여행의 회로 속에는 그곳을 스쳐간 길손들이 떨어뜨린 정한들이 쏟아버린 진주처럼 흩어져 있다.

걷는 일은 표류하는 작은 선박과 같다. 쉬고 있는 것 같지만, 사실은 바람에 부대끼며 쉴새 없이 움직이고 있음을 뜻함이다. 걷는 일에는 속도에 대한 전제가 없기 때문에 아뿔싸 하고 지나치거나, 잃어버리거나, 잊혀지는 것이 없고, 삭제의 어려움이나 아쉬움을 겪지 않아서 좋다. 잃지 않았고 삭제되지 않았으니, 사람과 사물들을 곱씹어 볼 수 있어 사유는 더욱 알차고 영속적이다.

걷는 일이란, 낡은 기록들을 떠올리게 하며, 혹은 고독과 추억들에 담금질당하며 진정한 혼자로서의 자신의 됨됨이를 점검하는 기회를 만들어 준다. 다급해할 까닭이 없고, 호들갑 떨 필요 없고, 정복의 강제에 얽매일 필요도 없고, 혼자 있어 경쟁할 까닭이 없으니 기죽을 필요도 없다. 그래서 걷기를 희망하는 사람들을 만나면 나는 곧잘 혼자 걸을 것을 권유한다. 간혹은 삶의 즐거움으로부터 쫓겨나 실의에 빠진 사람들에게도 걷기의 두려움과 맞서보라고 권유하곤 한다.

올렛길은 성산포구가 있는 제주도의 동쪽에서부터 촘촘하게 굴곡진 해안선을 가파르게 밟으며 제주도의 서북쪽까지 이어진 코스로 구성되어 있다. 전 코스를 걷자면 쉼 없이 걸어도 열흘을 훌쩍 넘기게 된다. 그러나 계속 부챗살처럼 퍼지는 바다 위의 햇살에 전신을 노출시키고, 쉼 없이 불어오는 해풍에 가슴속을 빗질당하며 걷는 황홀함을 잊을 수 없다. 그리고 나는 발견한다. 지금껏 살아오면서 가슴속이 더부룩할 정도로 끼어 있었던 어둡고 악취 나는 진상들. 나의 내부에서 꿈틀거리던 갖가지 소름끼치는 격정들, 혹은 자포자기와 불길함, 과장과 두려움과 왜곡으로 덧칠된 생활, 너울거리거나 뒤틀림과 같이 삶을 짓누르고 있는 중력으로부터 한 발 한 발 멀어지는 뚜렷한 정화의 징후들을 발견할 수 있다. 바람이 빗질해 주는 그 정화가 걷는 일로부터 나를 멈추지 못하게 한다.

올렛길에서

길 위의 작가 김주영

책머리에

올렛길 느리게 행복하게 걷기

살아오면서 참 많은 길을 걸었습니다.
어릴 적 십리 남짓한 통학 길은 제게 주어진 첫 걷기 미션이었습니다.
작은 야산을 넘고 바닷길을 걸어서 학교에 가는 길은 어린 저에게는 세상을 향해 걸어 나가는 첫 올렛길이었던 셈이었지요.
티베트의 성산 카일라스를 걸어서 돌아본 적도 있었고,
히말라야 동굴사원을 찾아서 해발 오천 미터가 넘는 산길을 몇 날이고 걸었던 적도 있었습니다.
그러나 온전히 걷기를 작정하고 걸어 본 것은 이번이 처음이었습니다.
올렛길을 일 년 남짓 걸었습니다. 마음속은 고통으로 가득 차 있었지만
올렛길에서 만나는 풍경들은 경이로웠습니다.
돔베낭 길에 쏟아져 내리던 햇살들이
들렁궤 동굴을 지나는 갯깍주상절리대의 비경이
송악산 바람코지에서 불어오는 바람이
내 안의 고통들을 보듬어 주었습니다.
올렛길에서 만나는 사람들, 그들이 들려주는 삶의 지혜들이 나에게 말을 걸었습니다. 굳게 닫혀 있던 마음의 문이 조금이 열리기 시작했습니다.
길을 걸으며 올려다본 한라산은 신이 만든 거대한 탑이었습니다.
한라산을 축으로 사람들은 걸었습니다.
누구는 육체적 건강을 위하여, 누구는 정신적 건강을 위하여,
이 땅을 걷는 것이 바로 기적이라던 임제선사의 말을 새기며 뚜벅뚜벅 걷고 또 걸었습니다.

전 세계에는 이름난 걷는 길(Trail)이 많습니다. 스페인의 산티아고 순례길,
페루의 잉카 트레일, 뉴질랜드 밀포드 트레일, 히말라야 트레일 등등.
걷기 운동은 이제 지구촌 전체 하나의 트렌드입니다.
이제 우리에게도 세계 어디에 내 놓아도 자랑스러운 제주올레 트레일이
있습니다. 제주의 햇살과 바람을 온 몸으로 느끼면서 천천히, 천천히 걷다
보면 우리 모두는 진정한 순례자가 될 것입니다.
숨을 들이쉬면서 마음에는 평화
숨을 내 쉬면서 얼굴에는 미소
"올렛길에서는 간세다리로 느리게 행복하게 걸어보게 마씨."

2009년 겨울

이해선

차례

추천의 글　올렛길 홀로 걷기 __004
책머리에　올렛길 느리게 행복하게 걷기 __008

| 1코스 |　시흥 ~ 광치기 올레 __015

길에서 만나는 그들 모두가 제 스승입니다 | 좋은 것은 좀 떨어져서 봐야 더 좋다 | 설문대할망의 조각보 | 알오름 | 종달리 | 바다에 취한 올레꾼 배낭을 베고 자다 | 성산포시를 아십니까?

| 1-1코스 |　우도올레 __037

호밀 익을 때, 꼭 우도에 함께 가요 | 신의 풍경 | 이생진의 만년필 | 죽어서도 자기 무덤을 꽃으로 가꾸는 여인 | 참 별일이네 | 사람이 아름다운 섬 우도

| 2코스 |　광치기 ~ 온평 올레 __061

영주십경 | 대문도 없는데 어떻게 도둑이 들어오겠나 | 올렛길은 탐라국까지 이어지고 | 황근과의 약속

| 3코스 |　온평 ~ 표선 올레 __075

완당의 수선화 | 비에 젖은 들히르방에게 길을 묻다 | 통오름에서 말과 함께 걷기 | 그야말로 천상고원입니다 | 이 사진들을 보면 왜 눈물이 날까? | 신풍 바당 목장길 | 사막길 올레

| 4코스 |　표선 ~ 남원 올레 __101

설문대할망 | 풀이 바람보다 더 빨리 눕는다 | 제주의 여신들 | 오월 올렛길은 향기의 길입니다 | 감귤의 유혹 | 묵언의 길 | 굼굼하게 왜 혼자 걸어?

| 5코스 | **남원 ~ 쇠소깍 올레** __117

큰엉 산책로 | 동박낭 할망 | 낯선 탐라 | 공천포 | 오롯이 나만 알고 있는 길이었으면

| 6코스 | **쇠소깍 ~ 외돌개 올레** __131

소(沼)에 소(牛)가 자주 빠져 죽어서 | 보목자리 | 섶섬의 전설 | 소낭머리 | 소의 말 | 서귀포의 환상 | 섶섬이 보이는 풍경 | 서귀포 칩십리 | 백만 년 전 시간의 흔적 | 샛길올레 | 할망바위

| 7코스 | **외돌개 ~ 월평올레** __157

와우! 올레 | 돔베낭 길에는 신들이 내려와 산다 | 차 한 잔의 올렛길 | 혼자서는 호젓해서 좋고, 둘이서는 정겨워서 좋은 길 | 범섬 | 용천수처럼 우리도 맑게 정화될 수 있다면 | 법환리 잠녀들 | 올렛길을 걷는 개 '우리' | 수애기 | 바닷가 우체국 | 우체국에 가면 잃어버린 사랑을 찾을 수 있을까? | 파도에 부서지는 달빛을 보고 걸으리라

| 7-1코스 | **월드컵경기장 ~ 고근산 ~ 외돌개** __189

번외 올렛길에서 | 카멜리아 | 엉또폭포 | 필경 이 풍경을 올레꾼들에게 자랑하고파 | 하논 분화구의 타임캡슐

| 8코스 | **월평포구 ~ 대평포구** __203

길만 가지 말고 절벽 아래의 물빛을 볼 일입니다 | 주상절리대, 그 비경보다 나는 저 해녀 할망들이 더 대단해 보인다 | 갯깍주상절리대 | 들렁궤 동굴 | 바람이 그린 그림 | 소라방생 | 대평포구에서 누릴 수 있는 호사

| 9코스 | **대평 ~ 화순 올레** __225

박수기정 | 지붕 없는 마을미술관 | 난드르 올레 해녀 해상공연 | 반칙올레 | 금지된 길에서 신의 풍경을 훔치다 | 황개천의 붕애 | 치안치덕(治安治德) 안덕계곡

| 10코스 | 화순 ~ 하모 올레 _ 245

태고 적 시간의 길 | 순비기나무 향기를 따라 유년의 시간으로 | 용머리 해안 | 걷고 있다는 사실조차도 잊어먹을 때 비로소 영혼은 자유롭다 | 절 울민 날 쌘다 | 바람의 올렛길 | 해안 동굴에서 해 뜨는 걸 본 적이 있으십니까? | 아! 모. 슬. 포. | 어랭이 물회 맛은 낯설었지만…….

| 11코스 | 모슬포 ~ 무릉 올레 _ 275

이 지구상에 이런 슬픈 비문이 또 있을까? | 올렛길은 작은 구멍가게 이름까지도 바꿔 놓았습니다 | 무덤의 올렛길 | 걷는 것은 상상력을 키우는 것입니다 | 정난주의 묘 | 비밀의 정원 | 백서향의 향기에 노루가 재채기를 하다

| 12코스 | 무릉 ~ 한경 올레 _ 291

무릉도원 올렛길 | 수월봉의 전설 | 엉알길 | 신호 유적이 되어 버린 도대불 | 일몰을 보며 한잔하기 가장 좋은 곳

| 13코스 | 용수포구 ~ 저지오름 _ 307

절부암의 슬픈 전설 | 작은 숲이 아름답다 | 쉼팡마을 | 오늘의 에필로그, 이보다 더 좋을 순 없다

| 14코스 | 저지오름 ~ 한림항 _ 321

길 위에서 선지식을 만나다 | 월령리 선인장마을 | 마지막 원담을 지키는 노인 | 진실된 것은 두 눈에 보이는 것이 아니라 마음으로 읽어야 한다 | 파시(波市)

| 과외올레 | 날아다니는 섬 비양도 _ 341

올렛길 찾아가기 _ 349

1 코스
시흥 ~ 광치기 올레

말미오름 자락으로 펼쳐진 밭과 돌담들이 거대한 조각보 같습니다.
저 풍경을 보면서 설문대할망의 전설 하나를 만들어 봅니다.
저 밭은 설문대할망이 바느질한 조각보라고……

길에서 만나는
그들 모두가
제 스승입니다

첫 올렛길의 시작입니다.
처음은 늘 제주하늘처럼 푸른빛입니다.
제주 동회선 일주버스는 성산 시흥초등학교 입구에서 나를 내려 줍니다.
물을 사기 위해 동네 구멍가게를 찾았습니다. 가게를 지키던 할아버지가
외국어 같은 말투로 올렛길 걸으러 왔냐고 물었습니다. 그렇다고 하자
손으로 오름 하나를 가리킵니다.
"말미오름에서 바라보는 일출봉이 절경이지."
곁에 있던 할아버지가 거들었습니다.
"암만, 일출봉이 좋아도 일출봉에 올라서는 일출봉은 못 보는 법이지,
좋은 것은 좀 떨어져서 봐야 더 좋은 줄 아는 게 세상 이치야."
올렛길에서 처음 만나는 노인으로부터 한 수 배웁니다.
'좋은 것은 좀 떨어져서 봐야 더 좋다.'
길에서 만나는 그들 모두가 제 스승입니다.

좋은 것은
좀 떨어져서
봐야 더 좋다

동네 뒷산 같은 두산봉을 향해 걷기 시작합니다. 돌담장들로 둘러쳐진
밭에는 겨울인데도 당근과 감자들이 푸르게 자라고 있습니다.
남녘에 온 것이 실감납니다. 화산토 때문인지 땅조차도 거뭇거뭇합니다.
낮은 오름이라고는 하지만 이마에 땀이 송글송글 맺힙니다.
두산봉이라고도 불리는 말미오름에서 바라보는 풍경은 과연 어르신네
말처럼 절경입니다. 일출봉과 우도가 한눈에 다 들어옵니다.
'좋은 것은 떨어져서 봐야 좋은 법이지.'
노인이 했던 말이 귓전에서 떠나지 않습니다.
나는 저 풍경 너머로 내가 두고 온 또 다른 풍경을 바라봅니다.
집, 가족들, 친구들,
떠나와서야 그들의 소중함을 깨닫습니다.

제주 신화 속 '설문대할망'은 한라산과 일출봉에 다리를 걸치고
우도를 빨래판 삼아 빨래를 했다고 합니다. 올렛길 걸으면서 설문대할망의
전설을 떠올려 봅니다.
오름 자락으로 펼쳐진 밭과 돌담들이 거대한 조각보 같습니다.
저 풍경을 보면서 나는 설문대할망의 전설 하나를 만들어 봅니다.
저 밭은 설문대할망이 바느질한 조각보라고……
나는 고개를 돌려 한라산에게 동의를 구합니다. 올망졸망 오름들을
자식처럼 거느린 한라산이 환하게 웃었습니다. 이곳에서는 대부분의
사람들이 바다 풍광만 보고 내려갑니다. 몸을 돌려 한라산에 눈인사라도
해보시지요. 올렛길 내내 저 산을 보면서 걸어야 할 터이니……

알오름

말미오름을 내려와 이제는 알오름에 오릅니다. 알오름은 분화구 안의
또 다른 오름이 솟아 오른, 즉 이중 오름입니다.
소들이 길을 막고 서 있는 목장 길도 지납니다. 목책 부근으로 소들에게
먹일 당근들이 수북이 쌓여 있습니다. 이곳 소들은 호강입니다.
철조망 너머에 있는 소에게 당근을 먹이는 즐거움도 새록새록합니다.
물론 올레꾼도 소의 눈치를 보며 슬쩍 당근을 훔쳐먹기도 합니다.
바람에 일렁이는 호밀밭도 지나고, 고사리를 머리에 잔뜩 이고 있는
묘지도 지납니다.
푸른 철문이 달린 목장으로 들어서게 되면 '목장길'이라는 노래
한 곡조쯤 흥얼거리게 됩니다. 말미오름이 소들의 천국이라면
알오름은 말들의 세상입니다. 그래서 일명 말오름이라고 불립니다.
갓 태어난 새끼 말들의 재롱을 보며 앉아 있노라면 시간이 멈춘 것처럼
한가롭습니다. 오름의 발아래로 이름도 예쁜 종달리 마을이
옹기종기 자리하고 있습니다.

종달리

종달리, 그 지명을 처음 들었을 때 나는 종달새가 떠올랐습니다.
그곳에서는 늘 종달새 소리를 들을 것 같았기 때문입니다. 아름다운
이름 때문에 나는 막연히 그곳을 그리워하곤 했습니다.
그러나 종달새와는 무관한 지명이었습니다. 종달이라는 뜻은 제주의
옛 행정구역인 제주목에서 마지막 마을이라는 뜻이랍니다.

다음은 종달리의 전설입니다. 중국 진시황은 탐라에 훌륭한 인물이 태어날
것이 염려되어 혈을 끊으라고 풍수사 고종달(胡宗旦:호종단)을 파견합니다.
정의현의 동쪽인 종달리에 상륙하여 내린 고종달은 인가를 찾아 여기가
어디냐고 물었습니다. '종달리'라고 하자 자신의 이름을 함부로 썼다며
몹시 화를 냈습니다. 고종달은 우선 종달리의 물 혈부터 끊었다고 합니다.

역사 속 고종달(호종단)은 풍수사로 알려진 송나라 복주인(福州人)이고,
고려 초에 귀화하여 15여 년 동안 관리 생활을 했다고 사료는 전합니다.
예종 때에 탐라에 들어와 지기(地氣)를 눌렀다고 전해지는 신비스러운
인물로 알려져 있습니다. 제주 내 많은 지역에서 고종달이 등장하는
전설이 내려오고 있습니다.

종달리 마을은 고요합니다. 훼손되지 않은 원형의 올렛길을 따라 마을 안으로 들어가 보았습니다. 올레는 집에서 바깥으로, 밖에서 집으로 들고 나는 길입니다. 안과 밖의 완충지대, 올레는 어느 공간보다 열린 공간이지요. 집안에는 인적이 없습니다. 바람만이 돌담 사이로 넘나들며 집을 지키고 있었습니다.

필경, 집 주인은 소라나 보말을 따러 물질을 갔거나 마늘밭에 다들 일하러 갔을 것입니다. 햇살 가득 내리비치는 골목길을 어슬렁거려 보기도 하고 아무도 없는 집 마당에 들어가 우두커니 앉아 있어 보기도 합니다.

내가 언제 이곳에 온 적이 있었던가?

기시감 때문에 한참을 서성거렸습니다. 마을은 남국의 시에스타 시간처럼 잠들어 있었습니다.

마을 입구에 큰 폭낭(팽나무) 한 그루 서 있고 한때 염전이었다는 곳에는 갈대들이 무성합니다. 이곳에서 만들어진 소금은 종달리 아낙들에 의해 한라산 자락을 넘어 멀리 제주시까지 팔려나갔다고 합니다. 그들의 고달픈 걷기에 비하면 지금 맨몸으로 올렛길을 걷는 우리는 얼마나 수월한가요. 아프다고 칭얼대는 다리를 달래며 타박타박 다시 길을 걷습니다.

바다에 취한
올레꾼 배낭을
베고 자다

종달리 바닷가에 이르렀습니다. 우도를 지나온 파도가
모래톱에서 찰랑거립니다. 이곳은 조개가 많이 잡힌다고
합니다. 모래톱을 걸을 때 발밑에서 조개껍질들이
짜그랑 짜그랑 소리를 지릅니다. 파도소리와 조개껍질
소리가 이곳까지 끙끙거리며 안고 왔던 내 안의 근심들을
지워버립니다. 자연이 보듬어주는 음악치료입니다.
해무 사이로 우도는 가물거립니다. 가던 길 멈추고 모래톱에
주저앉았습니다. 놀멍 쉬멍 걸으멍 중, 놀멍 쉬멍만
하는 것 같아 조금은 나 자신에게 미안합니다.

배낭 속에 있는 이생진의 시집, '성산포'가 바다를 향해
이야기합니다.
바다에 취한 올레꾼 배낭을 베고 잡니다.

술에 취한 섬

물을 베고 잔다

파도가 흔들어도

그대로 잔다

성산포시를
아십니까?

종달리 해안도로의 끝에는 성산포가 기다리고 있었습니다.
제주에서 나에게 가장 친숙한 곳입니다.
성산포에서 지낸 적이 있었습니다. 성산포 풍경을 카메라에 담기
위해서였습니다. 해질녘이면 일출봉에 올라 길게 누워 있는 섬, 우도를
오랫동안 바라보다 해가 한라산 너머로 사라진 후에야 비로소 터벅터벅
내려오곤 했습니다.
어느날 한 사내가 제게 말을 걸어 왔습니다.
"성산포시를 아십니까?"
나는 그 사내를 이곳에서 몇 번 본 적이 있습니다. 그도 늘 해질녘이면
저무는 바다를 바라보다 내려가곤 하였습니다.
"성산포는 시가 아니라 성산읍으로 알고 있습니다."
만약에 내가 성산포의 면적이나 인구 등을 알고 있었더라면 좀 더 자세히
그 사내에게 알려줬을지 모릅니다. 그러나 다행스럽게도, 난 성산포에
대한 정보가 거의 없었습니다.
사내는 아주 묘한 표정이 되어 말했습니다.
"그 시가 아닌데……."
사내는 말끝을 흐린 채 돌아섰습니다.
사내의 뒷모습을 보면서 나는 어리둥절했습니다.

사내의 모습이 사라지고도 한참이 흐른 후에야 나는 나의 실수를 알아차렸습니다. 내 가난한 문학소양 탓이었습니다. 행정구역을 의미하는 시(市)가 아니라 시(詩)였던 거였습니다.

나는 부끄러움을 만회하기 위하여 제주 시내 서점으로 가서 이생진의 시집 '성산포'를 구해 왔습니다. 그 후 일출봉으로 오르는 내 손에는 늘 시집이 들려 있었지만 그 사내는 다시 만날 수 없었습니다.

1-1 코스
우도 올레

오월의 태양이 색칠한 그림을
단지 손가락 하나로 셔터를 눌렀을 뿐이었는데…….

내년 호밀 익을 때,
꼭 우도에
함께 가요

"우도는 호밀 익어갈 때가 가장 아름답습니다.
푸른 바다를 배경으로 바람에 일렁이는 호밀밭의 정경입니다."

오월 어느 날, 지인에게서 문자와 폰카로 찍은 사진 한 장을 받았습니다.
우도 호밀밭을 배경으로 그는 환히 웃고 있었습니다.

"내년 호밀 익을 때, 꼭 우도에 함께 가요."

그리고 한 해가 흘렀습니다. 올렛길이 우도에도 만들어진다는 기사를
보았습니다. 그 순간, 그의 문자가 생각났습니다.
"우도에 호밀이 익어가고 있을까?"
다행히도 아직 오월이었습니다.

선착장에 내려 푸른 바다를 향해 심호흡 한 번 크게 합니다.
천진항은 우도의 관문입니다.
소라고둥으로 만든 방사탑 2기가 먼저 올레꾼을 반겼습니다.
우도 올렛길은 섬을 중심으로 시계방향으로 나 있었습니다.
이곳에서는 길을 잃어버리면 어떡하나, 그런 걱정은 안 해도 좋을 것
같습니다. 시계바늘처럼 섬을 한 바퀴 돌아 정해진 시간에 이 장소에서
배를 타면 됩니다.

해안길을 조금 걸어가자 올렛길이라는 앙증맞은 표지판이 오른쪽으로
가라 합니다. 여태껏 보아 온 어떤 올레 표지판보다 앙증맞은 것 같습니다.
해안길을 버리고 돌담길로 접어들었습니다.

와우! 사진에서 보았던 그 호밀밭이 돌담 너머로 일렁입니다. 황금빛 호밀밭 너머로 일출봉은 섬처럼 떠 있습니다. 이제 우도 올렛길이 서서히 그 내면을 보여주기 시작합니다. 길은 풀밭으로 이어졌습니다. 띠의 새순인 삘기가 바람에 하늘거립니다. 어릴 적 고향에서는 '삐비'라 불렀지요. 채 피지 않은 삐비는 얼마나 부드럽고 맛있었는지, 딱히 먹을 것이 없었던 시절, 삐비는 봄이 준 간식이었지요. 그러나 지금 이 삘기는 활짝 피어 버려서 먹을 수는 없습니다. 쇠물통이라는 곳을 지나갑니다. 소나 말들이 물을 먹는 곳입니다. 삘기와 야생화 만발한 풀밭 너머로 종달리에서 건너오는 여객선이 지나갑니다. 한 장의 관광엽서 같은 풍경을 카메라에 담았습니다.

신이 그린
풍경

언덕 올라서자 호밀밭 너머로 마을이 보입니다. 파랑지붕, 빨강지붕, 검은 돌담들, 오월의 맑은 햇살은 마을을 동화 속 풍경으로 색칠하고 있었습니다. 나는 카메라를 들었습니다. 오월의 태양과 오월의 신(神)이 색칠한 그림을 단지 손가락 하나로 셔터를 눌렀을 뿐이었는데, 카메라 파인더에는 신의 풍경들이 옮겨와 있었습니다. 그 아름다움에 그만 풀밭에 드러눕고 말았습니다. 누워서 본 하늘에는 구름들이 그림을 그리고 있었습니다.

미국의 위대한 사진가 스티글리츠는 1920년대부터 구름을 주제로 한 '이퀴벌런트(Equivalent)' 시리즈를 발표했는데 사람의 힘으로 통제가 불가능한 구름을 통해서 작가의 사상, 희망, 열망, 공포 등을 표현했습니다. 흘러가는 저 구름에다 나는 우도의 아름다움을 표현해 보고 싶습니다.

이생진의
만년필

저만큼 백사장이 나타났습니다.
그 유명한 서빈백사(西濱白沙)입니다.
정확하게는 '홍조단괴(紅藻團塊) 해빈(海濱) 해수욕장'입니다.
서빈백사는 산호모래 백사장으로 잘못 알려져 오다 2004년
세계적으로 희귀한 홍조단괴 해빈임이 밝혀지면서 천연기념물
제438호로 지정됐습니다. 홍조단괴는 홍조류가 석회화되면서
돌처럼 딱딱하게 굳어 형성된 것을 말합니다.
강렬한 햇살 아래 모래는 하얗다 못해 푸른빛이 돌았습니다.
모래 성분이 달라서인지 이곳 바다색은 마치 푸른 잉크를
풀어놓은 듯한 짙은 청색입니다.

해수욕장 지나 마을로 접어듭니다. 쇠물통에서 바라보았던
동화 같은 마을입니다.
친구는 태풍이 몰아칠 때 우도에서 연인과 고립되고 싶다고 했습니다.
그런 곳이라면 이 마을이 딱 일 것 같습니다. 마을을 지나 돌담 둘러쳐진
밭길로 접어들었습니다. 정겨운 돌담길 사이로 말들이 아는 체를 합니다.

성산포에서는

관광으로 온 젊은

사원 하나가

만년필에

바닷물을 담고 있다.

- 〈만년필〉, 이생진의 시집 성산포 중에서

죽어서도
자기 무덤을 꽃으로
가꾸는 여인

뻘기를 하얗게 뒤집어 쓴 흰머리 묘지를 만났습니다.
돌담들이 둘러쳐진 봉분 한가운데는 노란색 꽃들이
마치 화환처럼 나 있습니다. 묘비는 보이지 않았지만 필경,
이 묘지 주인은 여인네일 것입니다.
'죽어서도 자기 무덤을 꽃으로 가꾸는 여인.'

참
별일이네

하우목동 항에는 성산포에서 온 연락선에서 관광객들이 내리고
있었습니다. 예전에는 이 항에 성산포 다니는 연락선이 다니지
않았습니다. 종달리와 우도를 오가던 배들이 머물던 작은 항이었습니다.
하우목동을 지나 작은 포구에 이르렀습니다.
바닷가 아기자기한 집들로 인해 포구는 더 아름다웠습니다.
한 할아버지가 부두에 앉아 신기한 듯 올레꾼들을 쳐다봅니다.
"참 별일이네, 일없이 저렇게 걷고 다니다니. 쯧쯧쯧……."
태극기가 바람에 펄럭입니다.
하늘 높이 아름답게 펄럭입니다.
집집마다 태극기가 걸려 있습니다. 바람 센 우도에서는 태극기가 가장
잘 펄럭입니다. 무슨 국경일인가 했더니 이곳에는 늘 태극기가 게양되어
있답니다. 우도는 역사적으로 왜구들의 노략질이 잦았던 곳입니다.
일제강점기에는 해녀들의 항일 운동이 드세었던 곳이기도 합니다.
대한민국에서 가장 애국심이 강한 포구,
이름을 물으니 주흥동 포구랍니다.

올렛길은 다시 섬 안쪽으로 들어갑니다. 마늘밭을 지나고 작은 언덕에
올라서자 파평윤씨 가족묘가 나타났습니다. 뭍에서 참 멀리까지도 와
일가를 이루었습니다. 우도봉이 바라보이고 하고수동 해수욕장이
바로 아래입니다.

이 길은 한동안 묵혀져 다니지 않던 돌담길이었는데, 이번에 찾아냈다고 합니다. 호밀밭 사이로 난 구불구불한 돌담길을 걷는 즐거움은 우도에서 누릴 수 있는 사치입니다. 이 길에서는 해안선을 무법천지로 달리는 사륜구동 오토바이와 차량들을 보지 않아도 됩니다.

하고수동 해수욕장은 비양도가 파도를 막아 주어서 호수처럼 잔잔합니다. 비취색 바다가 싸이판을 연상시킨다고 하여 제주의 싸이판 해변으로 불리기도 합니다. 푸른 바다를 배경으로 수녀들이 코이프 자락을 날리며 자전거를 타고 갑니다. 지중해 어느 수녀원에 와 있는 것 같습니다. 저들로 인해 바다는 더 푸릅니다.
올렛길에서는 이제 성직자들을 많이 볼 수 있습니다.

섬 속의 섬 비양도는 꽃양귀비로 붉게 물들어 갑니다.

우도에서 가장 먼저 아침 햇살을 맞이한다는 조일리 마을은
우도 개척자인 김진사가 거주했던 마을로 가장 오래된 집터가 있습니다.
조선 숙종 23년(1679), 우도에 국유목장이 설치되면서부터 말을 사육하기
위해 사람들의 왕래가 시작되었습니다.

조일리 마을 바닷가에 검멀레 해수욕장이 있습니다. 쾌속 보트들이
관광객을 태우고 해안에 포물선을 그리고 있습니다. 포구 안쪽으로
들어가면 동안경굴이 나옵니다. 이 해식동굴은 2천 명이 들어갈 수 있을
만큼 아주 넓은 곳으로 여름이면 이곳에서 동굴음악회가 열리기도 합니다.
이 동굴에는 고래가 살았다는 전설이 있습니다.

조일리를 지나 우도봉을 오릅니다. 올렛길은 우도봉으로 바로 향하지 않고
오른쪽 망동산으로 먼저 갑니다. 망동산에서는 우도의 전경은 물론이고
종달리의 지미봉과 대수산봉도 다 보입니다. 왜구의 침입이 있을 때
이곳이 봉수대 역할을 했답니다. 망동산에서 내려다보면 우도에서는
큰 나무가 보이지 않습니다. 수십 년 전, 많은 뱀을 없애기 위해 숲에 불을
질러서 섬에는 큰 나무가 없다고 합니다.
나는 망동산에서 마을 어디쯤을 살피고 있습니다.
그 노인들은 아직 생존해 계실까?

사람이
아름다운 섬
우도

90년 초쯤입니다. 나는 우도를 촬영하기위해 이곳에 온 적이 있었습니다.
렌즈와 삼각대 등 촬영도구를 메고 우도봉을 향해 오르는 길은 생각보다
많이 힘들었습니다. 길이 나 있지 않은 풀밭은 한 발 오르다
두 발 미끄러지기 일쑤였습니다. 더구나 바다에서 세차게 불어오는
맞바람은 사람을 날려버릴 듯한 기세였지요. 한참을 바람과 씨름하며
정상에 오르자 사방이 바다였습니다. 사진을 찍겠다는 욕심도 사라지고,
이 순간만은 가슴에 바다를 담아 두는 게 최선이었습니다. 얼마를 그렇게
서 있었는지 모릅니다.
"이 모자가 댁 모자 아니우꽈?"
언제 다가왔는지 할아버지 한 분이 내 모자를 손에 들고 서 있었습니다.
"하마트민 모자가 절벽 아래로 날아갈 뻔 해수게."
모자가 바람에 날아가는 줄도 모르고 나는 바다에 넋이 나가 있었던
것입니다. 댕그랑 댕그랑, 할아버지를 보고 목에 방울을 단 소 두 마리가
절벽아래서 그 모습을 드러냈습니다. 우도에서 처음으로 보는 소였습니다.
소는 튼실한 누렁이였습니다. 할아버지는 이곳에 소를 방목하고
오후쯤 물을 가지고 와 소들에게 먹인다고 했습니다. 할아버지의 손길에
소들이 왕방울만한 두 눈을 껌뻑거렸습니다.
소들의 눈동자에도 바다는 있었습니다.
뱃속에서 꼬르륵 소리가 났습니다. 그제야 나는 아직 점심도 먹지
못했다는 게 생각났습니다.
선착장에 있는 식당에서 밥을 먹었어야 했는데…….

등대를 배경으로 할아버지와 소사진 몇 장을 찍고 서둘러 마을로 내려왔습니다.
아래 마을에는 마땅한 식당이 없었습니다. 내 꼬르륵 소리를 들었는지 할아버지가 다짜고짜 집으로 가자고 했습니다. 그는 마을 한가운데 있는 조그만 집에서 아내와 살고 있었습니다.
"배가 많이 고팡허난 라면이라도 차령오라."
할아버지는 집에 들어서자마자 할머니에게 라면을 끓이라고 시켰습니다.
"어떵허당 여태껏 점심도 못 드셔수꽈. 나가 라면이라도 끓이크메 호끄만 참읍써."
얼마 후 할머니 손에 양은으로 만든 둥근 상이 들려 나왔습니다.

"객지에 나왕 배고픈 게 제일 서러운데 많이 드십서예."
라면과 찬밥 한 공기가 전부이지만 할머니의 정성으로 어느 진수성찬보다
상은 꽉 차 보였습니다.
"혹, 자리젓이렌 먹어 본 적 이수꽈? 먹을 줄 알민 나가 가져오꾸다."
자리젓이라면 제주에서나 맛볼 수 있는 젓갈입니다. 젓갈 소리에 나는
침을 꿀꺽 삼켰습니다. 섬에서 자란 내게 젓갈은 아주 친숙한 음식입니다.
할머니는 노랗게 잘 익은 자리젓을 손으로 찢어 내 숟가락에 얹어주기까지
하였습니다.
자식을 떠나보내듯 차 타는 곳까지 바래다주시는 두 분을 뒤로 하고
선착장으로 나오는 버스에 몸을 실었습니다. 멀어지는 차창 너머로
할머님의 말씀이 귓전에 맴돌았습니다.
"내 새끼들도 객지에서 저렇게 배가 고플 터인데……."
할머니 쪽으로 고개를 돌렸습니다. 짧은 순간, 나는 보았습니다. 그 자리엔
돌아가신 내 어머니가 서 있었습니다.

그 분들의 추억과 함께 다시 우도봉에 올랐습니다. 할아버지 따라 이곳에
왔을 때는 등대 주변에 수국이 만발했었는데……. 변한 것은 수국만이
아니었습니다. 이제 옛 우도 등대는 새 등대에게 자리를 내주고
불도 밝히지 못한 채 바다만 바라보고 있었습니다.

우도봉에서 바라보는 저 풍경을 지두청사(地頭靑莎)라 부릅니다.
나는 오늘 내내 저 아름다운 풍경 속을 걸어온 것입니다. 우도 올렛길 끝인
천진항이 저만치 바라보입니다. 나는 지두청사의 한 풍경이 되어
천진항으로 걷기 시작했습니다.

2코스
광치기 ~ 온평 올레

어제 오늘 내내 걸었던 길이 한눈에 들어옵니다.
일출봉, 우도, 지미봉, 그리고 말미오름까지……
어디쯤에 서면 살아온 나날의 궤적을 볼 수 있을까요?
올렛길의 영원한 화두입니다.

영주십경

일출봉 서쪽 바닷가 광치기 해변에서 올레 2코스는 시작됩니다.
태우라는 뗏목을 타고 고기잡이하던 시절에는 제주의 거친 바다에서
어부들이 희생되는 경우가 많았답니다. 광치기 해변에는 해류를 따라
어부들의 시신이 자주 밀려왔다고 합니다. 해변으로 밀려온 시신을 마을
사람들이 관을 가지고 와서 수습하던 곳이라 하여 '관치기 해변'이었던 게
제주도의 강한 억양 탓에 '광치기 해변'이 되었다 합니다.
지명에 얽힌 슬픈 전설이지만 아이러니하게도 이곳에서 바라보는
일출봉의 일출광경이 제일 근사합니다.
조선 후기 제주도를 대표하는 학자 매계(梅溪) 이한우(李漢雨, 1823-1881)는
제주에서 경관이 특히 뛰어난 열 곳을 선정해 영주십경(瀛洲十景)이라는
이름을 붙이고 시를 지어 풍광을 노래했습니다.
영주(瀛洲)란 신선이 사는 곳으로 제주도의 별칭입니다.
그는 성산 일출봉의 해 뜨는 풍경을 성산출일(城山出日)이라 부르며
영주십경의 첫 번째로 뽑았습니다.

동쪽에 솟은 산 불야성 같더니
해 돋는 새벽빛 잠깐 어둠이 걷히고
구름 붉은 바다 위로 해가 떠오르니
먼 촌락에선 푸른 연기 솟는다.
하늘에는 문득 용이 눈을 부릅뜨고
복사꽃 골짜기에서 닭 울음소리 들리네
둥근 해 높이 솟아오르니
온 세상 사람들이 밝음을 우러른다.

- 매계(梅溪) 이한우(李漢雨), 〈영주십경〉 중에서

한길을 건너서 파래들이 잔뜩 끼어 있는 내수면 저수지 길입니다.
장난감 같은 작은 어망들이 물고기의 길목을 지키고 있고, 부근
갈대숲에서는 오리들이 퍼덕거리며 날아올랐습니다.
오조 갑문을 지나 내해로 들어서면 바닷가가 아닌 내륙의 습지를
걷는 기분입니다. 이곳 습지에는 국제 멸종 위기 종인 저어새와
노랑부리저어새, 그리고 수많은 철새들이 겨울을 납니다.
매년 10월 말부터 4월 말까지 출입을 금한다는 표지판이 서 있었습니다.
겨울을 난 철새들은 모두 다 돌아가고 몇몇 오리떼들과 백로들만이
한가롭게 수면 위에 노닐고 있습니다.

내수면 저편으로 오조리마을과 식산봉이 보입니다.
옛날 우도와 오조리 해안에는 유독 왜구의 침입이 잦았습니다.
오조리 해안을 지키던 장수가 마을 사람들과 합심해 노람지(가리를 덮는 띠로
짠 이엉)를 엮어 식산봉 전체를 덮게 했습니다. 바다에서 바라 본 식산봉은
영락없는 군량미였습니다. 이 모습을 본 왜구들은 군사가 많을 줄 알고
더 이상 쳐들어오지 못했다고 합니다.

식산봉 오르는 길목에 희귀식물인 황근 자생지가 있습니다.
노랑무궁화라고도 불리는 황근꽃은 여름에 핀다는데 아직 철이
일러서인지 꽃은 볼 수 없었습니다. 꽃피는 7월이면 너를 보러 오마,
황근에게 인사를 하고 오름을 오릅니다. 해발 60m 남짓한 식산봉에는
소나무와 동백나무, 후박나무, 생달나무 등 상록수림이 울창합니다.
 식산봉을 돌아나오면 일출봉에서 떠오르는 태양이 가장 먼저 닿는다는
오조리 마을입니다. 물이 빠져나간 습지에 빈 배 한 척 갇혀 있습니다.

대문도 없는데
어떻게 도둑이
들어오겠나

사단법인 제주 올레 홈피에 이런 글이 올랐습니다.
'머물 숙소가 마땅치 않았던 몇몇 올레 코스에 제주올레가 추천하는
할망집 숙소가 문을 열었습니다. 할망집 숙소는 인근에 사시는 할망들이
빈 방을 올레꾼을 위한 민박으로 운영하는 것입니다. 올레꾼을 위해
도배도 다시 하고, 장판도 새로 깔고, 침구와 커튼도 새 것으로 깨끗하게
단장했습니다.'

오조리 해녀할망의 집을 찾아 갑니다. 전화에서는 버스정류장에서 내려
마을로 쭉 들어오라고만 합니다. 해녀 할망이 하는 민박집은 어떤 집일까?
돌담이 둘러쳐지고 울긋불긋 슬레이트 지붕의 담장에는 태왁이 걸려

있을까? 마을로 걸어가는 내내 궁금했습니다.
남해안 바닷가 내 고향에도 제주 해녀들이 있었습니다. 차가운 바닷물 속에 들어간다는 사실 외에도, 그네들이 쓰던 강한 사투리로 인해 어린 제게는 아주 먼 나라에서 온 이방인 같았습니다.
세계 최초의 전문직 여성, 정확히는 잠녀(潛女)라 불러야 한다고 하지만 우리에게는 역시 '해녀'란 이름이 친근합니다. 조선 세종 때 새로 부임한 제주 목사, 기건(奇虔)은 처음 해녀들을 보고 이런 말을 했다 합니다.
"어쩌자고 이 추운 겨울에 여자들이 바다 속으로 뛰어드는가? 혹, 미친 여자들은 아닌가?"
하지만 자초지종을 들은 목사는 앞으로 절대 자신의 밥상에는 해녀들이 목숨 걸고 채취한 해산물을 올리지 말라고 명했답니다. 그는 청백리로 알려진 목민관이었다고 합니다.

오조리 마을의 한 집에 올레꾼들이 드나들고 있습니다. 담벼락에는 '신춘자할망민박'이라고 적혀 있었습니다. 제대로 찾아왔습니다.
집은 새로 지어 번듯한 양옥집이었습니다. 돌담이 있는 아래채 작은 방에 머물 줄 알았는데 의외였습니다.
40년 넘게 물질로 자식들을 키웠다는 그녀를 할망이라 부르기에는 너무 젊었습니다.
"할망이 아니잖아요?"
그녀는 손자가 몇인데, 하며 웃기만 합니다. 집이 아주 좋다는 올레꾼들의 반응에 그녀는 활짝 웃었습니다. 집은 방 세 개에 거실 하나의 구조입니다. 나와 동시간에 도착한 남자들은 큰 방을 배정받았고, 나는 제일 작은 방에 머물게 됐습니다. 원래 해녀 할망의 거처인 안방까지 올레꾼들이 들어차 있어, 해녀 할망은 씽크대 있는 마루에서 주무십니다.

해녀 할망이 그러하듯 내 고향 백사장에서도 여름이면 피서객들에게 대부분의 방들을 내주었습니다. 한 철, 민박으로 돈을 벌기 위해 심지어 어떤 집은 조상의 기제사마저 부엌에서 지내는 일도 있었습니다.

한 때 오조리 해녀대장이기도 했다는 그녀에게서 강한 카리스마가 느껴졌습니다. 해녀 일은 언제부터 하게 되었냐는 물음에 그녀는 잠시 지나온 시간을 회상하고 있었습니다.
"해녀란 어떤 계기가 있어서 시작하는 직업이 아니라, 그냥 엄마 따라 갔다 자연스럽게 물질하게 되는 것이 해녀의 운명이지요."
헤엄은 몇 살 때부터 배웠는지, 나는 그것이 궁금했습니다. 그녀는 일곱 살부터라고 했습니다.
"전 다섯 살 정도부터 바다에서 헤엄을 배웠는데."
"아마 당신도 제주에서 태어났더라면 나처럼 해녀가 되었겠구려……."
우리는 함께 웃었습니다.
해녀들이 점점 줄어든다고 그녀는 안타까워했습니다. 오조리 어촌계에서 제일 나이 어린 사람이 50대고 제일 나이 많은 사람은 여든이라고 합니다. 그녀는 죽는 날까지 건강만 허락한다면 물질을 하고 싶다고 합니다.

우리에게 아침을 해 먹이고 그녀는 바당으로 물질을 나간다고 합니다. 걷기 위해 올렛길로 나서면서 두고 가는 짐 때문에 신경이 쓰여 할망에게 물었습니다.
"문은 당연히 잠그겠죠?"
할망은 빙그레 웃으며 집 입구를 가리킵니다.

"대문도 없는데 어떻게 도둑이 들어오겠나."
고승(高僧)과 나누는 선문답 같습니다.
그녀의 말은 그날 올렛길 수행자의 화두가 되었습니다.

성산읍 고성리, 대수산봉 가는 길은 지루했습니다. 그저 타박타박 포장된
도로를 걷고 또 걸었습니다. 풍경이 유혹하지 않으면 관심은 안으로
돌아오게 마련입니다. 살아오면서 어디 좋은 길만 걸어 왔던가요? 내가
걷고 있다는 사실조차 잊힐 즈음 대수산봉 오르는 길이 나타났습니다.
울창한 숲 사이로 산책로가 잘 다듬어져 있습니다. 오름에 오르자 시야가
확 트입니다. 어제 오늘 내내 걸었던 길이 한눈에 들어옵니다. 일출봉,
우도, 지미봉, 그리고 어제 올랐던 말미오름까지…….
어디쯤에 서서 봐야 내가 살아온 나날의 궤적을 볼 수 있을까요? 내 여행의
영원한 화두입니다. 대수산봉 내려오는 길에는 공동묘지가 있습니다.
묘지 풀밭에 누워 지친 발을 쉬게 합니다. 공동묘지를 둘러보며 비석들을
살핍니다. 제주에는 '고, 양, 부' 성씨들이 대부분일 줄 알았는데
다른 성씨들이 더 많습니다. 토박이들은 다들 뭍으로 떠났나 봅니다.

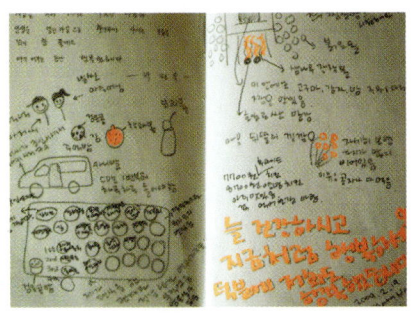

올렛 길은
탐라국까지
이어지고

혼인지에 왔습니다. 혼인지는 탐라의 시조인 고·양·부 삼신인(三神人)이
벽랑국의 세 공주를 각각 아내로 맞아 혼인을 올린 곳입니다.
연못에는 수련이 한창입니다. 세 신인이 신방으로 사용했다는 동굴은
들어가기조차 힘들 정도로 낮고 좁았습니다.

혼인지에서 제주 전통혼례가 있었습니다. 결혼식을 하는 커플은 경기도
성남에 살고 있는데 제주 올렛길에 반해 이곳에서 혼례식을 하기로
했답니다. 신화 속 혼인식 이후 혼인지에서 처음으로 하는 혼인식이라며
많은 하객들이 참가했습니다. 그 당시를 재현하는 온평리 주민 예술단의
축하퍼레이드는 혼인지의 시간을 그 옛날로 돌려놓았습니다.
올렛길은 어느덧 탐라국까지 이어지고 있습니다.

세 공주가 도착했다는 온평 포구에는 제주의 옛 등대인 도대불이 서서
올레꾼들을 반기고 있습니다. 해질녘 바다로 나가던 어부가 켰다가
아침에 들어오는 어부가 껐다는 도대불, 이제 등대의 기능은 상실한 채
올렛길을 알리는 이정표가 되어 있습니다.

황근과의
약속

"꽃 피는 7월이 오면 너를 보러 오마."
'황근'하고 한 약속을 지키지 못하고, 7월이 지나고 8월로 접어든 어느 날 다시 찾았습니다. 기다리다 지친 꽃들은 대부분 져버렸고 끝까지 남은 몇 송이의 황근만이 날 반겼습니다.

3코스
온평 ~ 표선 올레

통오름은 말들의 세상입니다.
이곳의 말들은 이미 올레꾼들이 살가운 모양입니다.
비 내리는 통오름에서 말과 함께 걷는 것도 색다른 즐거움입니다.

완당의
수선화

온평포구를 뒤로 하고 돌담길을 따라 중산간으로 길을 잡았습니다. 원형의
올렛길들은 대부분 없어졌지만, 고즈넉한 돌담장 길을 따라 걷는 일은
진정한 올레의 즐거움입니다. 이제 비까지 내립니다. 비는 길을 가라고
가랑비가 내렸습니다. 이렇게 비가 내리던 고향집에서는 보리 볶고 부침개
지져서 먹었지요. 그런 날 내리던 비는 집에 있으라고 이슬비였지요.
유년의 추억들도 촉촉이 비에 젖어 갑니다.
담장 밑 수선화에도 비가 내립니다. 제주에 귀양왔던 완당 김정희 선생은
유난히 저 꽃을 좋아했다고 합니다. 그러나 이곳 사람들에게는 그저
보리밭에 돋아나는 귀찮은 잡초일 뿐이었지요.
이게 거슬린 완당은 이런 글귀를 남겼습니다.
"보리밭에 많이 나기 때문에 사람들이 호미로 파 버리며 수선화를 원수
보듯 하더라, 물(物)이 제 자리를 얻지 못함이 이와 같도다."
고귀함을 인정받지 못하고 변방에 쫓겨와 있는 완당 자신의 처지도 아마
수선화와 같다고 느낀 모양입니다. 그러고 보면, 수선화는 그리스 신화에
나오는 미소년 나르시스가 물에 비친 자신의 모습에 취해 죽어 핀 꽃이기도
합니다. 완당 선생의 탄식은 강제로 세상과 단절당한 슬픔의 표현일까요,
아니면 세속에 물드는 것을 거부한 고고한 자아도취일까요.

어릴 적 바닷가 산길에는 춘란(春蘭)이 하얗게 무리지어 피어 있었습니다.
춘란의 그 연하디 연한 꽃 대궁은 배고픈 아이들에게는 훌륭한
간식거리였습니다. 배고픈 시절이었기에, 눈으로 즐기는 호사보다
목구멍으로 들어가는 게 우선이었지요. 완당 선생이 그 모습을 보았다면
똑같은 탄식을 했을지도 모르겠습니다.

비옷을 입은 올레꾼을 보고 개들이 짖기 시작합니다. 노인이 문을 열고
가만히 쳐다봅니다. 고향에서 농사를 짓는 친구에게 올렛길을
걷는다 했더니, 비싼 밥 먹고 왜 일 없이 길을 걷느냐며 타박을 주었습니다.
말을 하지 않았지만 지금 저 노인의 눈빛도 그러합니다. 밭에서, 바다에서
열심히 일하는 제주 노인들 곁을 걸을 때에는 괜히 눈치가 보입니다.
태양과 대지의 기운을 받지 못하고 살아가는 도회지의 팍팍하고 지친
삶들을 그들에게 세세하게 말할 수도 없고 말입니다.
노인의 주름살 같은 돌담길은 계속 이어졌습니다.

신산리라는 곳으로 접어들었습니다. 올렛길 표시는 빗속으로 숨어 버리고
그저 타박타박 앞만 보면서 걸었습니다.
돌하르방들이 동백꽃 우산을 받쳐 들고 서 있었습니다.

비에 젖은
돌하르방에게
길을 묻다

비에 젖어 울고 있는 돌하르방에게 길을 물었습니다. 그는 대답 대신 계속
눈물만 흘립니다. 이 돌하르방은 나주 운흥사지 돌장승과 닮았습니다.
가만히 보면 내 고향 동구 밖에 세워져 있던 벅수와도 닮아 있습니다.
이스터 섬에서 보았던 모아이 석상과도 닮아 있습니다. 직접 본 적은
없지만 몽골 지역의 돌초상, '훈촐로'와도 닮았다고 합니다.
"돌하르방, 도대체 당신은 누구십니까?"
하나 둘, 셋, 돌하르방은 숲속 곳곳에 숨어 있었습니다. 그 아름다움에
반해 나도 모르게 안으로 들어가 봅니다. 그곳은 농장이었습니다. 주인이
문을 열고 내다보았습니다. 그는 자신의 농원을 침입한 무례한 올레꾼을
나무라지 않고 돌하르방에 관한 설명을 자세히 해줍니다.
농원에 있는 돌하르방은 조선시대 제주 3읍이었던 제주목(제주시), 대정현,
정의현(성읍)에 있던 것이랍니다. 손이 큰 돌하르방은 무인석이고
손이 작은 하르방은 문인석이랍니다. 듣고 보니 그럴 듯합니다.

돌하르방은 제주목 25기, 대정현 12기, 정의현 12기 등 모두 49기가 있었는데 현재는 총 47기가 남아 있다고 합니다. 커피 한 잔까지 덤으로 얻어 마시고 다시 길을 나섰습니다. 농원 입구 바위에 '오들랑 농원'이라고 새겨져 있었습니다.

통오름에서
말과 함께
걷기

이제 길은 난산리에 자리한 통오름으로 이어졌습니다. 비에 젖은 길은
미끄러워 한 발 올라서면 두 발이 미끄러집니다. 통오름은 높이가 143m,
둘레가 2,748m라고 되어 있습니다. 이 오름은 물통, 혹은 밥통 같은
모양이다 하여 통오름이라 합니다. 낮은 오름에 비해 분화구는 꽤 깊어
보였습니다.
통오름은 말들의 세상입니다. 비에 젖은 말 한 마리가 나를 따라옵니다.
이곳의 말들은 이미 올레꾼들이 살가운 모양입니다. 비 내리는 통오름에서
말과 함께 걷는 것도 색다른 즐거움입니다.

그야말로
천상고원입니다

5월 통오름은 들꽃세상입니다. 그야말로 천상고원입니다.

> 산 넘어 남촌에는 누가 살길래
> 해마다 봄바람이 남에서 오나

누군가가 노래를 부릅니다.

먼 바다를 지나온 바람이 이곳 초원에서는 순한 양이 됩니다.
바람의 애무에 풀잎들이 까르르 몸을 눕힙니다.
저 풍경 앞에서는 올레꾼들의 발걸음이 아다지오로 바뀝니다.

통오름과 나란히 붙어 있는 독자봉에 올랐습니다. 정상에는 무덤처럼 생긴 봉수대 자리가 남아 있습니다. 표지판이 없으면 그냥 언덕처럼 보입니다. 독자봉은 오름이 홀로 떨어져 독자봉이라 부른다는데, 오히려 이 오름은 통오름과 나란히 솟아 있어 서로 마주 보며 심심하지는 않을 것 같습니다. 반면 이 오름 이름 탓에 마을에는 유독 독자들이 많다고 합니다. 독자봉의 남쪽 면은 울창한 숲길입니다. 길은 삼달리로 이어졌습니다.

이 사진들을 보면
왜 눈물이 날까?

바람처럼 살다 간 사진가 김영갑, 이곳 중산간 삼달리에는 그가 폐교를
빌어 만들어 놓은 갤러리가 있습니다. 비가 오는 데도 갤러리 안은
사람들로 북적였습니다.
"이 사진들을 보면 왜 눈물이 날려고 그래?"

엄마를 따라온, 열 살 남짓한 아이가 정말 슬픈 듯 얼굴을 찡그리고 있습니다. 어떤 사진이 저 아이의 마음을 움직인 걸까요? 아이는 풀이 바람에 드러눕는 사진 앞에서 떠날 줄을 모릅니다.

근 이십 년 가까이 제주의 자연을 사진에 담아 온 그가 루게릭병이라는 무서운 병에 걸려 생을 마감했습니다. 그가 남긴 이곳 갤러리에는 그를 닮은 제주의 사진들이 전시되어 있었습니다. 그의 사진은 바람입니다. 외로움입니다. 그는 제주의 바람이 되고, 구름이 되고, 제주의 자연이 되었습니다. 나는 올렛길에서 그와 조우합니다. 그의 안내를 받으며 걷습니다. 한때 그가 바라보며 앵글에 담았던 그의 풍경들이 이제 나의 풍경으로 카메라에 담겨집니다.

신풍
바당목장 길

중산간 길만 걷다 바다를 만나니 절로 반갑습니다. 신풍 바당목장
길입니다. 목장의 너른 초원이 바다와 맞닿아 있습니다.
목장 하면 산간 구릉지대나 내륙 평원을 연상시킵니다. 그러나 이곳
바당목장은 푸른 초원이 태평양에 그 자락을 담그고 있습니다.
소나 말들은 모두 우사로 돌아갔는지 보이지 않고 세찬 비바람만
몰아칩니다. 풀밭 가득 노란 귤 껍질들이 널려 있습니다.
마치 거대한 설치미술을 보는 것 같습니다.
지구의 종말이라도 예고하듯 바다와 하늘이 잔뜩 화가 나 있습니다.
우비를 때리는 빗소리가 베토벤 전원교향곡 4악장 중에서 번개와
폭풍우를 연주합니다. 가슴 속을 누르고 있던 답답함이 뻥 뚫어지는
그런 기분입니다.
이런 올렛길도 마음먹기에 따라서는 근사합니다.

우의도, 고어텍스 신발도 하루 종일 내리는 비에는 어쩌지 못하는지
온몸이 물에 빠진 생쥐 꼴입니다. 신천 해안길을 걸을 무렵 어느덧
어둑해지기 시작했습니다. 지나 온 작은 다리가 '배고픈 다리'라는 걸
알았지만 사진 한 장 찍지 못하고 그냥 지나쳤습니다. 다리가 배고픈 게
아니라 지금 이 길을 걷는 내가 배가 고팠기 때문입니다.
날은 저물고 멀리 해비치호텔의 불빛이 등대처럼 보입니다.
표선 해수욕장의 백사장을 가로질러 당케 포구에 도착했을 때는
이미 사방이 캄캄해져 있었습니다.

사막길 올레

모래바람 심하게 부는 표선 해수욕장을 올레꾼들이 가로질러 건너고 있습니다. 타클라마칸 사막을 가로지르는 순례자들처럼…….
저 사막만 건너오면 당케포구, 3코스 올렛길 종점이 기다리고 있습니다.

4코스
표선 ~ 남원 올레

오월 올렛길은 향기의 길입니다.
눈에 보이는 것보다,
귀에 들리는 것보다,
코끝에 와 닿는 꽃향기가 먼저입니다.
향기의 진원지는 감귤 꽃입니다.

설문대할망

당케 포구는 설문대할망이 만든 포구입니다. 옛날 이곳 마을 앞 바다는
수심이 너무 깊어, 폭풍이 몰아치면 영락없이 파도가 마을을 덮쳤답니다.
사람들은 설문대할망에게 마을 앞 바다를 메워 달라고 빌었습니다.
마을 사람들의 기도를 들은 설문대할망은 하룻밤 만에 표선앞 바다를 메워
모래밭을 만들었습니다. 마을 사람들은 포구 끝에 설문대할망당(堂)을
짓고 그의 공덕을 기리고 있습니다.

당케 포구, 그곳에서 올레 4코스는 시작됩니다. 당케 포구에서는 왠지
할망당을 보고 길을 걷고 싶었습니다. 할망당은 포구 끝에 있었습니다.
키가 닿을 정도로 낮았고, 작은 당집에는 사용하다 만 촛대와 오방색 천
조각들만 나뒹굴었습니다. 거구의 설문대할망을 기리기에는 너무 초라한
공간입니다. 이곳에서는 한 달에 두 번 물질을 하는 해녀들이
제를 지낸다고 합니다.

풀이 바람보다
더 빨리 눕는다

당케포구에서 해안도로를 따라 걷기 시작하면 바로 해비치 리조트가 나옵니다. 이 앞바다부터 갯늪이 시작됩니다. 바다를 배경으로 띠가 바람에 드러눕고 있습니다.
풀이 바람보다 더 빨리 눕는다는 김수영의 시 〈풀〉을 연상시킵니다.
저 띠들은 거친 자연과 거센 역사의 피바람 속에서도 꿋꿋이 일어서는 이곳 사람들을 닮았습니다.

풀이 눕는다

바람보다도 더 빨리 눕는다

바람보다도 더 빨리 울고

바람보다 먼저 일어난다

- 김수영, 〈풀〉 중에서

제주의
여신들

해녀들의 숨비소리를 들으며 해안길을 걷습니다.
거우개 해녀 작업장 담장에 널려 있는 속옷을 보았습니다.
낡은 속옷 제발 버리라고 하면 한 번만 더 입고 버리자던 어머니,
좋은 것은 자식들 입히고 낡고 떨어진 속옷들은 당신들이 입는
전형적인 우리 어머니들의 모습이 저 담장에 걸려 있습니다.

올렛길을 연 서명숙 대표는 제주 해녀들을 여신으로 불렀습니다.
설문대할망의 강인함을 전수받은 여신들임에 틀림없는 것 같습니다.
서명숙 대표도 설문대할망의 강인함을 이어받은 여신임에 틀림없습니다.
가마리 해녀작업장을 통과하는 올렛길은 해녀들의 삶을 고스란히
볼 수 있는 유일한 길입니다. 해녀들의 숨비소리가 묻어날 것 같은 태왁과,
잠수를 위해 허리에 차는 납덩어리들이 그녀들의 삶을 대변해 줍니다.
태왁은 해녀들이 사용하는 부유도구입니다. 원래는 박으로 만들었지만
요즈음은 스티로폼 태왁이 대부분입니다.

오월 올렛 길은
향기의
길입니다.

일주도로를 건너 중산간으로 접어들면 사방이 온통 감귤 과수원입니다.

오월 올렛길은 향기의 길입니다.
눈에 보이는 것보다,
귀에 들리는 것보다,
코끝에 와 닿는 꽃향기가 먼저입니다.
향기의 진원지는 감귤 꽃입니다.

향기에 대한 기억은 다른 기억들을 앞섭니다.

어릴 적 고향집에 피던 치자꽃향기,

그 향기는 내 유년의 추억을 지배합니다.

귤꽃향기 바람에 날리는 이 길은 두고두고 내 추억과 함께할 것입니다.

감귤의
유혹

겨울 이 길을 걸을 적에는 노란색 감귤이 올레꾼을 유혹합니다.
"친구야 한 개만 따 먹자."
"안돼."
"바닥에 떨어진 거는 괜찮을 거야."
"그것도 안돼."
"까치밥으로 남겨진 것은."
"치사하게 까치밥을……."

열 살쯤 되던 어느 봄날입니다. 아이들과 봄나물을 캐려 들판으로
나갔습니다. 나물은 부근에도 지천으로 널려 있었지만 아이들은 새로운
나물을 찾아 산을 넘어 버렸습니다. 나물을 캐던 아이들 눈에 못 보던
나물이 들어왔습니다. 아이들은 너도나도 그 나물을 캐서 바구니를
채웠습니다. 작은 밭뙈기 하나가 쑥밭이 되어 버렸습니다.
그 나물은 양파 심은 모종이었습니다.
그날 저녁, 무릎 꿇고 두 손 들고, 저녁까지 굶으며 외쳤던 말
"도둑질 중, 가장 큰 죄는 남의 농사지은 거 훔치는 일."

감귤 서리하고픈 유혹으로 갈등하며 걷던 중, 귤을 따고 있던 농부를 만났습니다. 농부가 내 속맘을 알아챘을까요? 나는 도둑질하다 들킨 사람처럼 화들짝 놀랐습니다.
"귤을 좀 살 수 없을까요?"
농부는 팔지는 않는다며 양껏 따 먹으랍니다. 귤나무에서 귤을 따려는 순간 농부는 우리를 불렀습니다. 방금 딴 귤은 시고 달지 않다며 먼저 따 둔 바구니를 가리키며 가져가랍니다.
먹는 게 중요한 게 아니라 직접 따고 싶었는데…….

묵언의
길

인적 없는 중산간 올렛길을 걷는 것은 하나의 수행에 가깝습니다. 사람 구경하기 힘드니 절로 묵언의 길이요, 눈을 현혹하는 대단한 볼거리가 없으니 마음도 가라앉습니다.
올렛길 전 코스 중 사람이 가장 없다는 길입니다. 올렛길 각 코스에는 길 안내 자원 봉사자들이 있습니다. 4코스 지기는 이 코스야말로 진정한 사색의 올렛길이라며 꼭 걸어 보기를 권했습니다.

"삼춘, 망오름 가는 길 맞수꽈."
삼춘 소리에 평상에 앉아 있던 할망이 나를 쳐다봅니다. 제주에서는 연세든

아낙을 호칭할 때 삼촌, 혹은 삼춘이라 부릅니다. 식당에서 종업원을 부를 때 연세가 든 여성이라면 삼춘, 하고 불러 보세요. 아마 아주 반가운 얼굴로 달려올 겁니다.

"그긴 뭐 하러 가우꽈?"

말은 퉁명스러웠지만 얼굴에는 반가운 기색이 역력합니다. 필경, 삼촌이라는 호칭 때문일 것입니다. 나는 평상에 주저앉았습니다.

"그곳에 호랑이가 있다고 해서요."

"미친 것!!!"

"아니에요, 올렛길 걸으려고요."

올렛길 걷는 즐거움 중 하나가 노인들과의 대화입니다. 그들의 말투, 그들의 표정에서 돌아가신 부모님을 만나고 싶었는지도 모릅니다.

망오름에 올랐습니다. 나무들이 많아 정상에 올라서도 밀림 같은 숲속입니다. 미로 같은 숲길을 빠져나와 '거슨새미'에 도착했습니다. 한라산을 향해 거슬러 오르는 샘이라 하여 붙여진 이름입니다. 중국황실이 제주에서 장수가 태어났다는 소식을 듣고, 사람을 급파해 제주의 산혈과 물혈을 끊으려 했지만 거슨새미 물은 끊지 못했답니다. 제주에는 작은 우물 하나에도 전설이 있습니다. 과연 1만 8천의 신들이 사는 땅입니다. 우물은 크지 않았고 우물에서 흘러나온 물들이 작은 연못을 이루고 있습니다.

한라산을 바라보며 길을 걷노라면 온통 노란색을 칠한 건물이 나타납니다. 황궁입니다. 이름도 생소한 종교단체의 건물입니다. 황궁 아래로는 영천사라는 절이 있습니다. 한적한 이 부근이 기도하기가 좋은 땅인가 봅니다. 길을 걸으면서 명상하기 좋은 길, 4코스입니다.

굼굼하게
왜 혼자
걸어?

삼석교란 다리부근을 지나는데 한 할머니가 나를 불렀습니다. 가마리를
지나온 후 처음으로 만나는 사람이라 반가웠습니다. 할머니는
무덤 부근에서 산딸기를 따고 있던 참이었습니다. 무덤에는 노란 민들레와
엉겅퀴 꽃이 만발해 있었습니다.
"굼굼하게 왜 혼자 걸어?"
할머니는 풀밭을 가리키며 쉬어가라 합니다.
"자식은 몇이여? 남편은 있는 거?"
할머니는 대답할 틈도 주지 않고 당신 질문만 해댑니다.

"혼자서 굼굼하게 걸어 댕기지 말어."

할머니는 했던 말을 또 반복하십니다. 굼굼한 게 뭐냐고 물었더니 '굼굼한 게 굼굼한 거지, 뭐긴 뭐여'라고 역정을 내십니다. 아마 느낌으로 봐서는 쓸쓸하다는 뜻 같습니다. 홀로 걷는 내 모습이 쓸쓸해 보였나 봅니다. 그녀는 나에게 방금 딴 산딸기를 소쿠리째 건네며 먹고 쉬어가라 합니다. 우리는 묘지에 앉아 딸기를 나눠먹었습니다. 이곳이 할아버지 묘지라고 합니다. 내가 먹은 만큼 딸기를 따서 채워 주려 했더니, 집에 가져가도 먹을 사람이 없다며 손사래를 칩니다. 소쿠리를 들고 훠이훠이 걸어가는 할머니의 뒷모습이 허허로워 보입니다. 쓸쓸한 사람 눈에는 모두 다 쓸쓸해 보이는 법입니다.

태흥리 해안도로에는 인동초와 갯뫼꽃이 지천으로 피어 있었습니다. 나는 할머니의 표현처럼 굼굼한 사람이 되어 터덜터덜 해안길을 걸었습니다. 태흥리 포구를 지나고 남원포구가 나올 때까지. 외롭고 쓸쓸한 4코스는 멀고도 멀었습니다.

5 코스
남원 ~ 쇠소깍 올레

남원포구 지나 큰엉 산책로에서는
숲과 바다가 서로 숨바꼭질을 합니다.
우묵사스레피 나무는 풀처럼 드러눕고
보리장 나무는 넝쿨로 바다를 가립니다.
굴뚝새와 동박새들도 숨바꼭질에 가세합니다.

큰엉
산책로

남원포구 지나 큰엉 산책로에서는 숲과 바다가 서로 숨바꼭질을 합니다.
우묵사스레피 나무는 풀처럼 드러눕고 보리장 나무는 넝쿨로 바다를
가립니다. 굴뚝새와 동박새들도 숨바꼭질에 가세합니다. 터널 사이로
언뜻언뜻 얼굴을 드러내는 바다는 더 짙푸릅니다.
산책로 중간 중간 놓인 벤치에서 연인들이 밀어를 속삭입니다.
"이곳이 대한민국에서도 가장 아름다운 큰엉 해안길이야."

숲과 바다의 숨바꼭질도 끝이 나고 확 트인 절벽이 나타났습니다.
바다와 하늘뿐인 그야말로 그랑 블루입니다. 20여 미터는 족히 되어
보이는 절벽 어디쯤이 큰엉일까요?
'엉'이란 제주방언으로 절벽에 뚫린 바위그늘 같은 곳입니다.
"아저씨, 큰엉이 어디예요?"
발아래 갯바위 낚시꾼에게 길을 묻습니다. 아저씨가 한심하다는 듯
뒤돌아봅니다.
"당신 서 있는 곳이 큰엉이오."
난 늘 내가 서 있는 곳이 어딘지 그곳을 떠나고 난 뒤에 알곤 했었지요.
금호 리조트 앞, 바위에 '큰엉'이라고 새겨져 있는 것을
나중에야 보았습니다.

동박낭
할망

위미 동백나무 숲은 어른이 두 팔을 벌려도 못 안을 만큼 수령이 오래된
300여 그루 토종 동백들이 군락을 이루고 있습니다. 이 숲은 한 할머니의
정성으로 만들어진 숲입니다.
이곳 사람들은 그 할머니를 '동박낭 할망'이라 불렀습니다.
이 숲은 1982년 제주기념물(제39호)로 지정되었습니다.

130여 년 전 위미리 여성 현맹춘(1858~1933)은 제주도의 모진 바람을 막기
위해 한라산의 동백 씨앗을 따다 이곳에 심기 시작했습니다.
동백 씨 한 알 심고, 돌 한 덩어리는 담을 쌓고, 그녀의 동백 숲 가꾸기는
평생에 걸쳐 이뤄졌습니다. 나무가 자라면서 거친 황무지는 기름진 땅으로
바뀌었고 동백나무는 울창한 숲이 되었습니다. 동백나무 숲길은 겨울에
걸어야 제일 아름답다며, 마을 노인은 동백꽃 필 때 다시 오라 합니다.
비록 꽃은 없어도 햇살에 반짝이는 동백 숲은 싱그러웠습니다.

낯선 탐라

조배머들코지, 특이한 지명의 표지판 앞에서 발길을 멈춥니다. 제주에서는 언어들이 낯설기만 합니다. 목호들의 100년 제주 주둔은 생활 곳곳에 많은 흔적을 남겼습니다. 어린 아이를 눕혀 잠재우던 애기구덕도, 물 허벅도 몽골의 풍습이라는 글을 읽은 적이 있습니다. 오름이라는 단어도 몽골의 언어에 가깝다고 합니다.

칠십 척이 넘는 기암괴석들이 비룡 모양으로 웅장하게 있었다는데 지금은 기이한 돌멩이 몇 점만이 남아 있습니다.

공천포

위미 항을 지나 공천포 항에 이르렀습니다. 자리물회로 유명한 공천포 한
식당에서 자리물회를 먹어봅니다. 제피(산초)잎을 넣은 물회는
그 향 때문에 낯설기만 합니다.
인도차이나반도를 여행 중일 때, 시장에서 파는 '고소'라는 채소 때문에
머리가 아팠던 적이 있었습니다. 누구는 그 채소에서 빈대냄새가 난다고
했습니다만 빈대를 본 지가 까마득해서 빈대에서 어떤 냄새가 났는지는
기억이 나지 않았습니다. 한국에 베트남 음식점이 생기면서 이제 향이
독특한 그 채소가 그리 낯설지는 않았습니다.
남도 지방에서는 '방아(배초향)'라는 채소를 즐겨 음식에 넣곤 합니다.
특히 여름 개장국이나 장어국에 많이 쓰는 향기 강한 채소입니다.
어머니는 이 방아를 좋아해 담장 밑에 심어두고 된장찌개에도 늘 넣곤
했었지요. 어릴 적 서울에서 온 손님이 이 채소를 무척 낯설어했던 적이
있었지요.
제피잎의 강한 향은 혀끝을 얼얼하게 하였습니다. 음식도, 지명도,
낯선 외국 같은 탐라국을 여행 중입니다. 검은 모래사장이 있는
작은 포구에 나와 횟집에서 타준 커피로 입안을 중화시켜 봅니다.

해 저무는 바다는 호수처럼 잔잔합니다. 쇠소깍까지 가지 말고 이곳에서 주저앉고 싶은 유혹이 입니다. 포구나 항구만 보면 머물고 싶은 것은, 내 안의 DNA 중에 해양민족의 피가 흐르기 때문일 것입니다.
아버지가 평생을 바다에서 떠돌았거든요.
앞 바다에 길게 누워 있는 지귀도까지 나를 유혹합니다. 그러나 방파제 난간에 그려진 파란 올레 화살표가 길을 떠나라고 재촉을 합니다.

공천포 항을 지나면 작은 망장포구가 나타났습니다.
저리도 작은 포구에 배가 몇 척이나 들어올 수 있을까? 망장이란 이름은 고려 말 원나라가 통치하던 시절에 이 포구에서 말을 실어 나갔다 해서 붙여진 이름이라 합니다.
바위 벼랑에 백년초들이 열대밀림처럼 빽빽하게 자라고 있습니다.
사나운 가시식물에서 저리도 아름다운 꽃을 피우다니…….
아마도 저 꽃을 지키기 위해 사나운 가시를 만들었나 봅니다.

오롯이
나만 알고 있는
길이었으면

망장포구를 올라서면 작은 숲 길 나타납니다. 큰엉 산책길마냥 포장된 길이 아닌 흙으로 된 원시의 숲길입니다. 오늘 걸어 온 어떤 길보다 아름다운 길입니다. 숲길 바로 옆으로 바다가 맞닿아 있어, 가만히 귀 기울여 보면 파도 소리가 들립니다. 지나치기 십상이지만 숲 사이로 자세히 보면 두 사람이 들어가면 딱 좋을 작은 백사장까지 덤입니다. 이 길은 누구에게도 알려지지 않고 오롯이 나만 알고 있는 길이었으면 좋겠습니다.

다시 첫 사랑의 시절로 돌아갈 수 있다면 이 숲길에서 시를 읽어 주리라. 쇠소깍 1.5km라는 표지판을 보면서 뚜벅뚜벅 걷기 시작합니다. 한라산이 저무는 노을을 받아 황금빛으로 물들기 시작합니다. 내 마음도 행복으로 물들어 갑니다.

다시 첫 사랑의 시절로 돌아갈 수 있다면
어떤 일이 있어도 첫 사랑을 잃지 않으리라
지금보다 더 많은 별자리의 이름을 외우리라
성경책을 끝까지 읽어 보리라
가보지 않은 길을 골라 그 길의 끝까지 가보리라
시골 작은 교회로 이어지는 길과 폐가와 잡초가 한데 엉켜있는
아무도 가지 않은 길로 걸어가리라
… 중략
- 장석주, 〈다시 첫사랑의 시절로 돌아 갈 수 있다면〉중에서

6 코스
쇠소깍 ~ 외돌개 올레

바닷물이 철석철석 파도치는 서귀포
진주캐던 아가씨는 어데로 갔나
휘파람도 그리워라 뱃노래도 그리워
서귀포 칠십리에 황혼이 온다.

서귀포 칠십리 그 길이
이제 올렛길이 되었습니다.

소(沼)에
소(牛)가
자주 빠져 죽어서

쇠소깍은 효돈천과 바닷물이 합쳐지는 곳입니다. '쇠'는 '효돈'을 뜻하고
'깍'이란 제주 방언으로 맨 끝을 뜻한다고 안내판에 쓰여 있습니다.
큰엉에서 만난 할아버지는 이 소(沼)에 소(牛)가 자주 빠져 죽어서 붙여진
이름이라고도 하였습니다.
민물과 바닷물이 만나서 소(沼)는 계곡 깊숙한 곳까지 만들어져 있습니다.
바위와 숲, 민물과 바닷물이 어우러져 만들어 내는 물빛은 비취색입니다.
전통 뗏목인 테우가 사람들을 태우고 소를 오르내립니다. 테우를 타고
옛 제주의 시간 속으로 여행을 떠나 봅니다.

6코스의 시작입니다. 쇠소깍을 벗어나자 야자나무 우뚝우뚝 솟아 있는 남국의 풍경이 펼쳐졌습니다. 제주 해안길을 걸을 때마다 문득 문득, 태평양 한가운데 있는 이스터 섬이 연상됩니다. 이따금씩 나타나는 대형 돌하르방은 이스터 섬 모아이 석상과도 닮았습니다. 그 척박한 이스터 섬에 비하면 제주는 풍요의 섬입니다.

이스터 섬에서 여름 한 철을 보낸 적이 있었습니다. 외로울 때는 모아이 석상 아래 앉아 고국을 그리워했습니다. 이제 올렛길에서는 돌하르방을 보며 모아이 석상과 보냈던 그 시간을 추억하게 됩니다.

보목자리

섶섬과 제지기 오름이 있는 보목포구에 이르렀습니다. 보목의 옛 지명은 볼래낭개로 볼래나무가 많은 포구라는 뜻입니다. 먼저 제지기 오름을 오릅니다. 오른쪽으로 잘 가꾼 너른 별장이 있습니다. 국민 코미디언 이주일 씨가 생의 마지막을 보낸 곳이라고 합니다. 주인은 저 세상으로 떠났지만 무심한 꽃들은 만발해 있습니다. 제지기 오름 숲 사이로 내려다본 보목포구는 섶섬으로 인해 아늑해 보였습니다.
무슨 일인지 부두에 사람들이 잔뜩 모여 있습니다. 호기심에 발길을 부두로 돌립니다.
사람들은 자릿배가 들어오기를 기다리고 있었습니다. 일 년 중, 4월에 잡히는 자리가 제일 맛있다고 합니다.
"자리하면 보목자리지."
자리를 사러 나온 노인으로부터 자리생선 이야기를 듣습니다.
"요즈음은 지귀도 부근에서 잡히는 자리가 젤 맛있지."
노인은 손으로 섬 하나를 가리킵니다. 섬은 물에서 손톱만큼 올라와 길게 누워있습니다.
"지귀도 앞에서 잡히는 보목자리는 살이 부드러워 물회에 좋고, 가파도 거친 바다에서 잡히는 모슬포 자리는 뼈가 억세 구이에 좋지."
한 시간을 기다려도 배는 들어오지 않고, 노인으로부터 보목 앞바다 섶섬에 관한 전설을 듣습니다.

"섶섬에 용이 되고 싶은 구렁이가 살았는데…….."
그때였습니다. 배가 들어오고 사람들이 그곳으로 몰려갔습니다.
할아버지의 이야기도 단절되었습니다. 제주에는 웬 전설이 그리도 많은지.
작은 운반선에 의해 실려온 자리는 순식간에 다 팔렸습니다. 트럭을 타고
가는 할아버지가 손을 흔들었습니다.
"할아버지 그 구렁이가 이무기인가요?"

섶섬의 전설

보목항을 빠져 나옵니다. 섶섬을 바라보며 바닷길을 걸었습니다. 용이 되고 싶었던 구렁이는 용이 되었을까?

옛날 섶섬에 귀가 달린 붉은 구렁이가 살고 있었습니다.
이 구렁이는 용이 되는 게 소원이었습니다.
매달 초사흘과 여드렛날이면 기도를 하였지요. 삼년 동안이나…….
용왕이 나타나 말하기를
"섶섬과 지귀도 사이에 야광주를 숨겨두겠다. 그걸 찾으면 용이 될 수 있다."
구렁이는 섶섬과 지귀도 사이를 헤매며 야광주를 찾았지만,
암초로 뒤덮인 물속에서 야광주를 찾지 못하고 결국 죽고 말았습니다.
그 후 비가 오려면 늘 섶섬에는 안개가 서렸습니다.
사람들은 안개가 죽은 구렁이의 영혼이라며, 영혼을 달래기 위해 사당을 짓고 제를 지냈다고 합니다.

용이 될 수 없는 운명의 구렁이에게 왜 용왕은 야광주를 찾으라는 미션을 주었을까?
상징으로 가득한 전설입니다.

섶섬의 전설에 빠져 걷다 보니 도로 표지판에 '문필로(文筆路)'라고 쓰여 있습니다. 섶섬 동쪽에 문필봉이 있어 이 부근에 인재가 많이 난다고 합니다. 그래서인지 유난히 이곳 출신들이 학교 선생님이 많다고 합니다. 이곳에서는 섶섬이 손을 뻗치면 닿을 것 같은 거리입니다.

길은 제주KAL호텔과 파라다이스호텔 사이로 이어집니다. 소정방 폭포를 지나 서복전시관 앞을 지납니다. 바위에 서복의 형상이 새겨져 있습니다. 서복은 불로초를 구해 갔을까?
서복전시관을 빠져 나오면 소낭머리입니다.

소낭머리

절벽 아래로 난 계단을 따라 내려가다 보면 이곳 사람들이 이용하는
목욕탕이 나옵니다.
남탕과 여탕으로 나눠진 목욕탕에는 절벽에서 용천수가 쏟아져
내렸습니다. 얼음장처럼 차가운 물에 발을 담그자 머릿속까지 맑아집니다.
물이 흘러나오는 입구에는 누군가 켜두고 간 촛불이 타고 있었습니다.
이중섭의 그림 속에도 등장하는 소낭머리는 아름다운 풍경 뒤에 아픈
상흔을 숨기고 있습니다. 1948년 이곳에서 4·3 학살이 자행되었습니다.
더 슬픈 것은 살인경험이 없는 사병들의 실전체험용으로 이곳에서
양민들이 학살당했다는 것입니다.
해송의 은은한 향기와 해녀들의 숨비소리가 이곳의 상흔을 어루만져주고
있었습니다.

소의 말

폭낭이 있는 미술관으로 오르는 돌담길이 원형의 올렛길입니다. 그 올렛길 끝에서 이중섭이 우리를 기다리고 있었습니다. 돌담길 끝에 가난한 화가가 세 들어 살았던 초옥 한 채 보입니다. 이중섭은 1951년 1월경, 서귀포로 가족과 함께 피난을 오게 됩니다.
그가 세 들어 살았던 초옥에는 할머니가 집을 지키고 있었습니다.
방에는 그의 사진 한 점 걸려 있었고 벽에는 누군가가 써서 붙인
'소의 말'이라는 시가 붙어 있었습니다.

소의 말

높고 뚜렷하고
참된 숨결
나려나려 이제 여기에
고웁게 나려
두북두북 쌓이고
철철 넘치소서
삶은 외롭고
서글프고 그리운 것
아름답도다 여기에
맑게 두 눈 열고
가슴 환히
헤친다
- 이중섭의 시 〈소의 말〉 전문

서귀포의 환상

이중섭은 이곳에서 살면서 아들과 손을 잡고 정방폭포로 게를 잡으러 다녔다고 합니다.
'섶섬이 보이는 풍경'은 전란기의 마을 풍경이라고 생각하기에는 너무나 평화스럽게 묘사되어 있습니다. 어린아이가 새를 타고 푸른 서귀포 앞바다를 날고 있는 '서귀포의 환상'은 제목 그대로 환상의 모습으로 그려져 있습니다. 바닷가에는 아이들이 풍요롭게 먹을 것을 나르거나 한가하게 누워 있습니다.
이중섭은 현실적으로는 비록 궁핍했지만 서귀포에서 보낸 시간은 가족과 함께 행복하게 지냈던 것 같습니다.
이중섭 평전을 쓴 고은 시인은 중섭이 월남 이후 이곳에서 보낸 짧은 시간들이 그의 생애에서 처음으로, 그리고 마지막으로 가장 행복했던 시간이었다고 적고 있습니다.

섶섬이 보이는
풍경

초옥 옆 미술관에는 이중섭이 제주에서 그린 원화들이 전시되어
있었습니다. 파란게와 어린이들, 섶섬이 보이는 풍경, 게와 노는 아이들,
서귀포 환상······.
미술관에 이중섭의 원화는 몇 점 없었는데, 미술관의 노력으로 이제
11점이나 소장하게 되었다고 합니다. '꽃과 아이들', '선착장을 내려다본
풍경' 두 점은 새로 들어온 원화입니다. 미술관 옥상에 올라서면 50여 년 전
이중섭이 그린 풍경들을 만나게 됩니다.
'섶섬이 보이는 풍경'은 그가 서귀포에 안착한 후 이곳 언덕에서 그린
유화작품입니다. 섶섬을 배경으로 근경에는 팽나무 서 있고, 오른쪽으로는
돌담과 초가집이 낮게 자리를 잡았습니다. 건축물들은 달라져 있지만
섶섬만은 그대로입니다.
이중섭이 살았던 집 앞에 있는 폭낭(팽나무)이 혹, 그림 속 그 나무가
아닐까? 한참을 살펴보았습니다.

빈센트 반 고흐가 마지막으로 그림을 그렸던 곳, '오베르 쉬르 와즈'에
간 적이 있습니다. 그의 사후 백 년째 되던 여름이었습니다. 그의 마지막
작품인 까마귀 나는 밀밭 풍경은 그림 속 그대로였습니다.
작품 탄생의 현장에서 그 풍경들을 볼 수 있는 것은 또 다른 감동입니다.
올렛길에서 만나는 이중섭, 원화를 보는 감동, 그 두 배 이상입니다.

이중섭 문화의 거리는 서귀포 옛 중심거리입니다. 옛 모습을 복원한
서귀포관광극장은 아련한 향수를 불어넣어 주기에 충분합니다.
연세 드신 분들은 교복 벗고 저런 극장에 숨어들었던 추억
한두 개 정도는 다 있을 것입니다.

서귀포
칩십리

미술관 잔디밭에서 '서귀포 칩십리' 노래가 흘러나왔습니다.

바닷물이 철석철석 파도치는 서귀포
진주 캐던 아가씨는 어데로 갔나
휘파람도 그리워라 뱃노래도 그리워
서귀포 칠십리에 황혼이 온다.

서귀포 항을 바라보며 듣는 유행가 가락이 올레꾼의 가슴을 적셔 줍니다.
6코스 걸을 때에는 그 노래를 부르고 걸었다는 친구의 마음을 이제야
어렴풋이 알 것 같았습니다. 서귀포가 사람들에게 널리 알려진 것은
어쩌면 이 노래의 영향도 있을 것입니다.
파도치는 서귀포 칠십리라는 어원은 어디에서 나왔을까요?
숙종 때 정의현감이 기록한 남천록(南遷錄)에서 '서귀포칠십리'를 이렇게
묘사했습니다. '정의현에서 의귀(남원)까지는 30리이며, 의귀에서
서귀포까지는 40리가 된다.'
조선 태종 16년. 조정에서는 제주도를 한라산 북방의 제주목(牧)과 남방의
대정현(大靜縣), 동방의 정의현(旌義縣)으로 나눠 통치하였는데 정의현은
현재 의 표선면 일대입니다.
이제 서귀포 칠십리는 단순 거리의 개념을 뛰어넘어 제주 사람들의
이상향으로 받아들이는 것 같습니다.
그 꿈의 서귀포 칠십리가 이제 올렛길이 되었습니다.
외돌개, 그곳까지 가려던 길을 파도치는 서귀포항구로 발길을 돌립니다.
그래, 놀멍 쉬멍, 그렇게 걷는 거야.

백만 년 전
시간의 흔적

패류화석을 보여주겠다며 친구가 나를 데리고 부둣가로 향했습니다.
새연교 입구 방파제가 시작되는 절벽 아래 큰 바위덩어리들이 해안가
일대에 널려 있었습니다. 이곳이 천연기념물 제195호로 지정된
패류화석대랍니다.
몇몇 바위는 마치 키조개껍질을 섞어 콘크리트로 만든 돌덩이 같았습니다.
한 바위에는 산호도 끼어 있었습니다.
"이게 고생대 화석이야."
나는 그 화석들을 만져 보았습니다. 바위에 깨지고 사람들에게 깨지고
화석은 온통 상처투성이입니다.
"누군가가 키조개 껍질 위에 공사장에서 쓰고 남은 콘크리트를 들이부은
게 아니야?"
친구는 어이없다는 듯 웃었습니다.
"이곳에서 발견되는 패류화석들 대부분은 현재도 존재하는
종(種)들이지만 몇몇 화석들은 서식하지 않는 종이야. 패류화석
이외에도 산호화석, 연체동물, 고래와 물고기 뼈, 상어 이빨 등 크고 작은
동물화석들이 있대……."
"그런 걸 어떻게 다 알아?"
"저어기 안내판에 다 쓰여 있거든……."
"고생대라면 얼마 전쯤이야?"
"정확하게는 고생대 플라이스토세 초기, 글쎄 한 백만 년 전쯤."
"뭐, 백만 년 전!!!"

샛 길 올레

서귀포항 앞바다에 떠 있는 새섬에 다리가 연결되었습니다.
새로 개통한 새연교의 모습은 제주의 전통배인 태우에서 그물을 던지는
형상이랍니다. 태우의 전통고기잡이 방식을 잘 모르는 대부분의
사람들은 두바이 7성급 호텔인 '버즈 알 아랍'의 디자인을 모방했다고
숙덕거립니다. 두바이의 호텔도, 태우도 좋지만, 저는 돛대 같은 느낌이
좋습니다. 거친 바다를 향해 돛을 올리는 기상 같은 게 느껴집니다.
새연교는 그 아름다움으로 올레꾼들을 유혹합니다. 천지연까지 온
올레꾼들이 새섬 산책로를 한 바퀴 돌아나갑니다. 일명, 샛길 올레입니다.
샛길 올레를 많이 거칠수록 제주여행은 더 풍성해집니다.
해질녘, 배낭을 메고 새연교를 걸어 봅니다. 석양이 서쪽바다를 물들이고,
한라산은 붉게 물들어 갑니다. 서귀포 항구가 황금빛과 보랏빛으로
채색됩니다. 일몰시간, 새연교에서 바라보는 풍경들은 어느 것 하나 놓칠
수 없는 비경입니다.
미라보 다리보다도 더 아름다운 새연교를 건너면 '새섬광장'입니다.
이곳에서 산책로가 시작됩니다. 태풍이 오면 파도가 넘는다는
너럭 바위지대에는 나무계단과 안전로프를 설치했습니다.
사람들은 조금이라도 더 가까이서 일몰을 보려는 듯 로프 난간에 기대어
황금 바다를 가슴에 담습니다.
와! 사람들의 함성이 터져 나왔습니다. 새연교에 조명이 들어온 것입니다.
수시로 바뀌는 조명 탓에 새연교는 다양한 색깔의 옷을 갈아입습니다.
새섬광장 옆 갈대숲에도 특이한 조명이 설치되었습니다.

갈대처럼 가늘고 긴 쇠막대 끝에 LED 등이 매달려 있었습니다. 이름도 '갈대조명'입니다. 갈대가 바람에 춤을 추자 갈대조명도 따라 춤추고 있습니다.

산책로 가로등에 불이 켜지고 사람들은 '연인의 길', '언약의 뜰'이라 이름 붙여진 길을 지나가게 됩니다. 바람의 언덕에서 팔각 전망대까지는 숲길입니다. 새섬은 초가지붕을 덮을 때 사용하는 새(억새)가 많이 자생하여 붙여진 이름이라는데, 새는 별로 보이지 않습니다.

길 중간중간 여러 이름들을 많이 붙여 놓았지만 산책로 길이는 기껏해야 1.2킬로미터 정도 되는 짧은 거리입니다. 아쉬움에 섬을 한 바퀴 더 돌아야 할 것 같습니다.

할망바위

한 관광 온 남자가 외돌개 바위가 바라보이는 쉼터에서 외돌개에 얽힌
전설을 들려주고 있습니다.

고기잡이 갔던 하르방이 풍랑을 만나 돌아오지 않자, 할망은 바다를
향해 '하르방, 하르방'을 외치며 통곡하다 그만 바위가 되어 버렸습니다.
신기하게도 하르방의 시체가 할망 바위 앞에 떠 와서 같이 바위가
되었습니다. 지금도 할망바위는 '하르방' 하고 부르는 입을 벌린 형태를
하고 있습니다. 그 바로 앞에 바닷물을 먹은 것 같이 불룩한 배를 드러내고
있는 바위는 하르방 바위입니다.

"어머! 그럼 저 바위가 망부석이네."
단체관광 온 사람들은 전설의 바위를 배경으로 기념사진을 찍느라
한바탕 소란스럽습니다. 오랜 세월 비바람과 파도에 살이 에이며
외롭게 서 있는 바위라 하여 외돌개라고 이름이 지어졌습니다.

7코스
외돌개 ~ 월평 올레

바당올레의 아름다움을 고스란히 간직하고 있는 길,
올레 한 코스만 걷고 싶다면 추천해 주고 싶은 길,
50여 개국 외교관들이 극찬했다는 길!

와우!
올레

바당올레의 아름다움을 고스란히 간직하고 있는 길,
올레 한 코스만 걷고 싶다면 추천해 주고 싶은 길,
50여 개국 외교관들이 극찬했다는 길.

외돌개 솔숲에서 7코스는 시작됩니다. 이곳은 올렛길의 문화 광장 같은
곳입니다. 이곳에서 작은 음악회라도 열리면 현악기의 아름다운 선율들이
소나무 숲 사이로 들려오는 파도소리와 협연을 합니다. 이따금씩
갈매기도 끼룩끼룩 연주에 끼어들지요.
이곳은 굳이 올렛길이 아니어도 서귀포 사람들에게, 아니 이제는
세계인에게 알려진 관광명소라고 해도 과언이 아닙니다. 외돌개 부근이
한류 드라마 '대장금'의 촬영지로 알려지면서 중국 일본 등지에서 온
관광객들로 늘 북적입니다.

소나무 숲이 바다와 만나는 곳이 바람의 언덕입니다. 보랏빛 노을이 문섬을 물들이고 있을 즈음 서양 아가씨가 웃으면서 내게 다가왔습니다.
"하이, 난 스페인에서 온 크리스티나야."
"올라."
나는 내가 알고 있는 유일한 스페인 인사를 했습니다. 올라! 올레와 어감이 비슷하네. 우리는 서로를 쳐다보며 웃었습니다. 그녀는 한국을 여행 중, 올렛길이 좋아 한동안 제주에 머물고 있답니다.
"올렛길 어때요?"
대답대신 그녀는 이런 포즈를 취해 주었습니다.
"와우! 올레!"

삼매봉 서쪽 해안에 동굴들이 보입니다. 황우지 12동굴입니다. 태평양 전쟁말기 일본군이 미군 상륙에 대항하기 위한 자폭용 어뢰정을 숨기기 위해 만든 동굴이랍니다. 이 아름다운 바다에도 상흔은 있나 봅니다. 사람들도 저 동굴처럼 상흔 한두 개 정도는 안고 살아갑니다. 그리고 올렛길을 찾아옵니다.

외돌개 바닷가 단애 위에서 한 노인이 낚싯대를 드리우고 앉아 있습니다. 칠팔십 미터는 족히 되어 보이는 절벽에서 노인은 뭘 낚고 있는 걸까요? 지나는 행인들이 너도나도 할아버지의 바구니를 들여다보지만 고기 한 마리 보이지 않았습니다.
"낚시 줄이 바다에 닿긴 한 거야?"
사람들이 수군거립니다.
어쩌면 노인은 이곳에서 강태공처럼 시간을 낚고 있는지 모릅니다.

돔베낭 길에는
신들이 내려와
산다

관광객들로 발 디딜 틈조차 없는 외돌개를 뒤로 하고 돔베낭길로
접어들었습니다. 돔베는 도마를 뜻하고 낭은 나무란 뜻입니다. 이곳
해송들이 도마로 쓰기에 아주 좋아 그런 이름이 붙여졌나 봅니다.
잘 만들어진 나무계단을 따라 해안 절벽 길을 걷다 보면 왜 이 길에 대한
찬사가 그리 많았는지 짐작이 갑니다.

바다 위로 쏟아져 내리는 햇살들, 연보랏빛 갯무꽃들, 먼 바다에서 불어와 처음으로 얼굴에 와닿는 그 푸른 바람들, 알베르 까뮈는 그의 고향 티파사에는 신들이 내려와 산다고 했던가요? 제주 돔베낭 길에는 그야말로 신들이 내려와 사는 것 같습니다. 길을 걷는 올레꾼들의 눈동자가 바다로 물들어갑니다. 어쩌면 영혼까지 푸르고 맑게 물들었는지 모릅니다.

차 한 잔의
올렛길

올렛길에서 차 마시는 행사가 열렸습니다. 범섬을 바라보며 마시는 차 한 잔의 여유, 밤꽃 향기가 찻잔에 내려앉고 있었습니다.

혼자서는
호젓해서 좋고,
둘이서는
정겨워서 좋은 길

야자나무 군락지를 지나 야트막한 산언덕 올라서면 수봉로라는 표지판이
보입니다. 자연생태길인 수봉로는 올레지기인 김수봉님이 만든 길이라고
합니다. 염소나 다니던 해안 덤불숲을 삽과 곡괭이만으로 계단을 만들고
길을 냈다고 합니다. 그야말로 명품 수제길입니다.
유채꽃 길섶을 장식하는 봄날에는 이 길을 걸어야 합니다.
억새풀 해풍에 드러눕는 가을날에는 이 길을 걸어야 합니다.
비 내리는 여름, 작지왓 해변의 몽돌 구르는 소리를 들으며
이 길을 걸어야 합니다.
혼자서는 호젓해서 좋고, 둘이서는 정겨워서 더더욱 좋은 길입니다.

범섬

수봉로 끝나는 곳에서부터 길은 법환 마을로 이어집니다.
법환포구 앞 바다에는 범섬이 마을을 지키고 있습니다. 범섬은 모양이
호랑이처럼 생겼다고 해서 이름이 붙여졌습니다.

옛날 사냥 나갔던 사냥꾼이 잘못해 옥황상제의 배를 건드리자 옥황상제가 크게 화가 나 한라산 봉우리를 뽑아 던져 범섬이 생겨났다는 전설도 있습니다. 그리고 이곳은 고려시대 최영 장군이 이끌고 온 대규모 군사들이 군막을 치고 주둔한 곳이라 하여 막숙이라고 부릅니다. 몽골의 마지막 세력인 목호들이 난을 일으키자 최영 장군이 군사를 이끌고 이곳에 옵니다. 목호들이란 원나라가 망할 무렵 제주도에 남아 말을 키우던 몽골세력들입니다.

목호들이 본거지로 삼았던 범섬을 포위해 전멸시켜 몽골 지배 100년 역사에 종지부를 찍은 곳입니다. 군사들이 나무로 배를 엮어 범섬으로 건너갔던 곳은 '배연(배염)줄이'라는 지명으로 남아 있습니다.

용천수처럼
우리도 맑게
정화될 수 있다면

바닷가 용천수가 솟아나오는 곳에 빨래터가 있습니다. 제주의 마을들은
용천수가 흘러나오는 곳에 형성되어 있습니다.
마을 할머니들이 빨랫감을 들고 이곳에 나와 빨래를 합니다.
삶아 온 빨래를 방망이로 두들기는 모습이 정겹습니다. 세탁기에 비해
훨씬 때가 잘 진다며 헹군 빨래를 들어 보입니다. 세탁기와는 비교할 수
없는 상큼함입니다.
"할머니, 이 물 마실 수 있나요?"
"암, 옛날에는 다 이 물 떠다 먹었지, 위쪽에서는 마실 물 뜨고,
아래쪽에서는 빨래를 하고······."
바위에서 흘러나오는 물을 먹어 보니 물맛이 아주 좋습니다. 이렇게
흘러나오는 물을 용천수라고 합니다. 한라산에 비가 오면 그 물이
지하암반으로 스며들어 수맥을 따라 해안 저지대로 서서히 이동하다,
해안지대 표층으로 용출하는데 걸리는 시간이 80여 년 정도라고 합니다.
빗물이 용천수가 되는 시간이 우리의 한 평생 시간과 맞먹습니다.
우리의 한 생이 끝날쯤이면 이 용천수처럼 우리도 맑게 정화될 수 있으면
좋겠습니다.

법환리
잠녀들

검은 잠수복을 입은 한 무리의 해녀들이 작업을 나갑니다. 대부분 할머니들입니다. 법환은 해녀들이 많기로 유명합니다. 예전부터 이 마을은 여자가 열여섯 살이 넘으면 모두 물질에 나섰다고 합니다. 아직도 해녀가 백여 명 정도 살고 있지만 거의 60대 이상의 고령이라고 합니다. 제주의 여신인 해녀들 보기도 점점 어려워질 것 같습니다.

올렛 길을
걷는 개
'우리'

저는 올렛길을 걷는 개 '우리'입니다. 제가 올렛길을 걷기 시작한 것은
올 봄부터입니다. 올레 폐인이 되어 버린 우리 주인님은 올렛길이 좋아
아예 서귀포로 이주해 버렸답니다. 하루에 한 번씩 저는 주인님과
올렛길을 걷습니다. 저도 주인님처럼 '올레폐견'이 될지도 모릅니다.
올렛길에서 혹, 저를 만나면 아는 척해 주세요.

수애기

법환의 끝자락 두머니물에서 바윗길로 내려섭니다. 섬마을 아이들이
숨바꼭질하기 좋은 갯바위들을 오르내려야 하는 길입니다. 서근도라는
섬이 나타났습니다. 이곳 사람들은 그냥 썩은섬이라고 부릅니다.
한 할망이 파도에 밀려온 해초를 줍다 나를 불렀습니다.
"법환리에서 걸어 왔수꽈?"
할머니는 내게 어디에 이런 해초가 많이 밀려와 있는지를 물었습니다.
미역도 아닌 것이 다시마도 아닌 것이, 이름을 물으니 감태라고 합니다.
잘 말려 일본으로 수출한다며 할망은 부지런히 해초를 줍습니다.
이렇게 모은 돈들은 손자들 학비에 보탠다고 하니 제주 할망들의
억척스러움에 고개가 숙여집니다.

"할머니, 저 섬은 하고 많은 이름 중에 하필 썩은 섬이라고 불러요?"
할망과 나는 바위에 걸터앉아 잠시 쉬었습니다.
"옛날 저 섬에는 유독 고래들이 몰려와 죽었지. 고래 썩는 냄새가 늘
난다고 해서 붙여진 이름이야."
"그 고래들이 돌고래인가요?"
"암, 수애기도 있고 큰 고래도 있었지. 돌고래를 제주도에서는 '수애기'라
부르지."

수애기, 참 예쁜 이름입니다. 할머니와 헤어져 길을 가면서 수애기라는 어감이 좋아 자꾸 불러 봅니다. 수애기, 수애기, 수애기섬, 썩은 섬보다 훨씬 아름다운 이름입니다.

나는 이제부터 저 섬을 수애기섬이라 부르겠습니다.

바닷가
우체국

서근도, 해안길 끄트머리에 바닷가 우체국은 자리하고 있었습니다.
송림 아래 정자에 빨간 우체통 하나 매달려 있고, '바닷가 우체국'이라는
팻말이 붙어 있었습니다. 스피커에서 안도현의 시 〈바닷가 우체국〉이
흘러나왔습니다.

퇴근을 서두르는 우체국장은 없어도, 잉크 냄새 나는 만년필은 없어도
나는 우체통 서랍을 열어 볼펜으로 엽서를 씁니다.
나에게로 보내는 엽서를…….

바다가 문 닫을 시간이 되어
쓸쓸해지는 저물녘
퇴근을 서두르는 늙은 우체국장이 못 마땅해 할지라도
나는 바닷가 우체국에서
만년필로 잉크 냄새 나는 편지를 쓰고 싶어진다

우체국에 가면
잃어버린 사랑을
찾을 수 있을까?

이수익의 〈우울한 샹송〉 중에서 나오는 시구 한 줄을 쓰고 더 이상 쓰지 못합니다.

이 시를 암송하며 지냈던 추억 속으로 엽서를 보냅니다.

푸른 바다와 음악이 있는 정자에서 사람들은 엽서를 씁니다.
올렛길이 만들어 낸 정겨운 풍경들입니다.
이 바닷가 우체국 초대 국장님은 풍림콘도 총 지배인인
'천년의 바람님'이십니다. 강정천 맑은 물과 푸른 바다를 보고
살아서인가? 맑은 곳에서는 아이디어도 참 맑습니다.

우체국에 오는 사람들은 가슴에 꽃을 달고 오는데
그 꽃들은 바람에 얼굴이 터져 웃고 있는데

사람들은 그리움을 가득 담은 편지 위에
애정(愛情)의 핀을 꽂고 돌아들 간다

파도에 부서지는
달빛을 보고
걸으리라

달빛에 보면 가장 아름답다는 월평포구가 7코스의 종점입니다.

누군가가 배 한 척만 대기 위해 일부러 만든 것 같은 작은 포구입니다.

포구는 작아도 그 포구 위에서 바라보는 풍경은 광활합니다.

저 멀리 송악산으로 이어지는 해안선이 마치 섬처럼 보입니다.

월평포구는 달밤에 보아야 가장 아름답다고 합니다.

저 광활한 바다에 달뜨는 밤, 달밤 올렛길 걸으리라.
파도에 부서지는 달빛을 보고 걸으리라.

7-1 코스
월드컵경기장 ~ 고근산 ~ 외돌개 올레

떨어진 동백꽃으로 올레 화살표시를 만들어 봅니다.
누군가가 내가 만든 동백꽃 올레표시를 보고 웃을 수 있다면…….

번외
올렛 길에서

올렛길 코스 중, 번외 코스로 서귀포 월드컵경기장에서 외돌개까지 이어지는 내륙 올렛길입니다. 월드컵경기장 앞은 넓어서 올레 출발지점을 찾기가 쉽지 않았습니다. 더군다나 다른 인기 코스에 비해 덜 알려진 탓에 길을 물어도 사람들도 잘 몰랐습니다.

 길을 미리 알아둘 걸, 하고 후회해 본들 소용없었습니다. 고근산을 올려다보며 길을 물었지만 대답할 리가 없지요. 저곳까지 올라가긴 가야 하는데, 아파트 단지를 몇 바퀴 돈 후에야 입구를 알아냈습니다. 길이란 처음 잘못 들어서면 헤매는 법이라는 걸 일깨워 준 시간이었습니다.

길을 헤맨 끝에 만난 푸른색 화살표시는 반갑기 그지없습니다. 삼나무 울타리를 따라 돌담길은 이어졌습니다. 올렛길을 걷는다기보다 마치 과수원에 일하러 가는 농부가 된 것 같습니다. 감귤 과수원은 끝도 없이 이어졌습니다. 수확이 끝난 감귤 밭은 기웃거려 봐야 귤 하나 보이지 않습니다. 혹시나 하고 살피던 중 아직까지 매달려 있는 귤 하나를 발견했습니다. 용기를 내 담 너머로 손을 뻗쳐 땄는데, 아이구! 속은 새가 다 파먹고 껍질만 매달려 있던 거였습니다.

월산교 다리를 지나 엉또폭포에 도착했습니다. 엉또란 큰 바위 웅덩이를 뜻합니다. 이 폭포는 상류에 비가 80밀리미터 이상 와야만 폭포가 쏟아진다고 합니다. 50미터는 족히 되어 보이는 절벽 양쪽으로 울창한 난대림이 형성되어 있습니다. 난간 아래로 내려가 폭포가 흘러내린다는

절벽을 올려다보았습니다. 절벽과 숲이 조화를 이뤄 물이 없어도 충분히 아름다웠습니다. 이른 시각이라 아무도 없는 엉또폭포는 온전히 내 차지가 되었습니다.

카멜리아

동백꽃 만개해 있는 엉또폭포를 뒤로 하고 고근산으로 향합니다. 길옆
가로수가 온통 동백나무입니다. 동백나무는 16세기경 일본에서 유럽으로
전해졌습니다. 당시 유럽으로 동백나무를 가지고 간 사람이 예수회 선교사
카멜루스로, 그의 이름에서 카멜리아라는 이름이 붙여졌다고 합니다.
저 유명한 베르디의 가극 〈라트라비아타 *La Traviata*〉가 춘희라는
이름으로 유명세를 타면서 동백꽃은 유럽사회에 알려지기 시작합니다.
춘희(동백아가씨)의 소설 속 주인공은 한 달의 25일 간은 흰 동백꽃을,
나머지 5일간은 붉은 동백꽃을 가슴에 꽂고 다녔습니다.

꽃은 매달려 있는 것보다 바닥에 더 많이 뒹굴었습니다.
붉은 꽃길입니다. 떨어진 동백꽃으로 올레 화살표시를 만들어 봅니다.
누군가가 내가 만든 동백꽃 올레표시를 보고 웃을 수 있다면…….
꽃놀이에 빠져 길 떠날 줄 모릅니다.

엉또폭포

서귀포에 이틀 동안 폭우가 쏟아졌습니다.
"엉또폭포가 물을 쏟아 내린대."
서귀포 지인으로부터 문자메시지를 받았습니다.
엉또폭포를 만나러 가는 길, 하늘은 아직도 비를 뿌리고 있었습니다.
엉또폭포에 물 떨어지는 걸 보면 소원이 이루어진다고 합니다.
폭포를 볼 수 있는 건 일 년에 몇 번밖에 없다며 많은 사람들이
몰려들었습니다.

필경 이 풍경을
올레꾼들에게
자랑하고파

고근산에 오릅니다. 편백나무 숲 사이로 목재로 만든
계단들이 만들어져 있습니다. 산이라기보다는 공원 가는
느낌입니다. 트레이닝복 차림의 사람들이 운동기구에
매달려 운동을 합니다. 20여 분 오르자 금방 정상입니다.
분화구 둘레를 도는 산책길이 만들어져 있습니다. 편백나무
숲을 지나자 시야가 확 트입니다. 서귀포 시내와 앞 바다가
한눈에 들어옵니다. 멀리 동쪽 섶섬에서부터 범섬까지,
서쪽으로는 아스라이 삼방산까지 다 보입니다.
이곳에 7-1코스 올렛길을 만든 사람은 필경 이 풍경을
올레꾼들에게 자랑하고파 길을 연 것 같습니다. 이렇게
아름다운 풍경을 늘 볼 수 있는 서귀포 사람들이 부럽다는
생각이 들었습니다. 북쪽으로는 한라산이 손에 잡힐 듯
가깝습니다. 고근산은 서귀포 앞바다와 한라산 사이에 홀로
솟아 있습니다.
설문대할망은 심심하면 한라산에 머리를 대고 고근산
굼부리에 궁둥이를 얹어 범섬에 다리를 걸치고 누워서
물장구를 쳤다고 합니다.
설문대할망이 궁둥이를 걸쳤던 분화구에는 억새풀이
하늘거렸습니다. 아름다운 풍경을 두고 가기가 아쉬워
분화구 둘레로 난 길을 돌고 또 돌았습니다.

하논 분화구의
타임캡슐

고근산 뒷면을 돌아 호근동에 들어서면 제주에서도 논을 볼 수 있는 곳이
있습니다. 하논 분화구입니다. 과수원 언덕에서 내려다본 하논 분화구는
거대한 구장 같았습니다.
하논 분화구가 주목을 받는 이유는 마르형 분화구에 형성된 이탄습지
때문입니다. 이탄습지는 자연 상태에서 생물체를 부패시키지 않고 장기간
보존할 수 있는 습지를 말합니다.
이 분화구 바닥에는 오만여 년 동안 형성된 깊은 습지 퇴적층이 있습니다.
그것은 곧 이 분화구의 타임캡슐입니다.
하논으로 내려가는 길에 봉림사라는 절이 있습니다. 그곳에서 물 한 잔
얻어 마시고 논으로 내려섭니다. 하논은 못자리 준비로 한창이었습니다.
트랙터로 무논을 가는 풍경이 제주에서는 낯설기만 합니다.
할머니는 비닐하우스에 심어 둔 모가 싹이 나지 않았다며 걱정이
태산입니다. 심을 모가 부족하면 아마 뭍에서 모를 가져와야 할지도
모릅니다. 제주에는 논이 거의 없거든요.
논두렁길을 따라 올렛길 표시가 나 있습니다. 무논에서 맹꽁이와 개구리가
합창을 합니다. 개구리 소리를 들으며 걷는 논두렁 올렛길,
제주에서는 이런 길도 색다릅니다.

하논 분화구를 지나 이정표를 따라 조금만 걸으면 삼매봉 입구입니다.
길을 건너 휴게소 옆 도로를 따라 들어가면 7-1코스의 종착점인 외돌개
입구가 나옵니다. 가던 길 돌려 삼매봉에 올라 봅니다. 남성대(南星臺)란
팔각정 하나 자리하고 있고, 이곳에서 장수의 별 노인성을 볼 수
있다고 합니다. 그 별은 2월 무렵 남쪽 수평선 가까이에 잠깐 나타났다
사라집니다. 노인성은 사람의 수명을 관장하는 별입니다.
낮이라 별은 볼 수 없었지만 대신 남쪽으로 서귀포 앞바다가 펼쳐집니다.
이 아름다운 바다를 보고 사는 사람들이 노인성을 본 사람보다 더 장수할
것 같다는 생각이 들었습니다.

삼매봉에서 길은 외돌개로 이어졌습니다.
고근산과 하논 분화구, 마지막으로 삼매봉까지 보너스로 올라 보면
왜 이 길을 번외 올렛길로 만들었는지 이해가 갑니다.

8코스
월평 ~ 대평 올레

주상절리대 비경보다 저 해녀 할망들이 더 대단해 보입니다.

길만 가지 말고
절벽 아래의
물빛을 볼 일입니다.

월평포구에서 올라오면 해안가 단애 위로 길은 나 있습니다. 이곳에서는 길만 가지 말고 절벽 아래의 물빛을 볼 일입니다. 그 짙푸른 바다를 가슴에 담을 일입니다. 작은 바위에 의지해 시간을 낚고 있는 낚시꾼들도 하나의 풍경이 됩니다. 볼레낭 줄기 사이로 낭창낭창 휘어지는 해안선도 눈을 유혹합니다. 카나리아야자나무 군락지를 지날 때면 지금 카나리아군도를 여행한다고 생각하면 걷는 길이 근사해질 것입니다.

약천사 앞 도로를 지나 조금 가면 올렛길은 왼쪽 계곡으로 내려갑니다. 이 물길이 선궷내 길입니다. 이 길이 만들어지기 전까지는 마늘밭 올렛길을 지나야 했습니다. 마늘밭 올렛길은 애써 키운 마늘을 밟을까 봐 조심조심 걸어야 했던 길입니다. 마늘밭의 피해를 줄이려, 올레 탐사팀과 대포동 주민들이 힘을 모아 새로운 길을 만들어냈습니다.
선궷내와 바다가 만나는 이 길은 시냇물소리, 파도소리, 새소리, 파도에 자갈 구르는 소리까지, 귀가 즐거운 코스입니다. 행여 올렛길 걸으면서 이어폰으로 음악 듣는 분들은 이 구간에서만은 귀를 활짝 열어두고 자연의 소리를 들으시기 권합니다. 해질녘, 바위에 앉아 일몰을 감상하기에도 안성맞춤인 곳입니다.

주상절리대, 그 비경보다
나는 저 해녀 할망들이
더 대단해 보인다

바위틈에 검은 물체들이 움직입니다. 자세히 보니 해녀들입니다. 물에
젖은 검은 바위들과 검은 복장의 해녀들이 구분이 잘 안됩니다. 다행히
등에 지고 가는 붉은 색 태왁이 해녀라는 걸 알아차리게 합니다.
물질해 잡은 소라를 등에 지고 지삿개 벼랑을 오릅니다. 어디로 가는 걸까?
저 벼랑을 오르면 그곳은 어디일까? 혹, 해녀들이 불을 쬐면서 몸을 녹이는
곳은 아닐까? 호기심에 그들을 따라 벼랑을 올라 봅니다. 벼랑은 무섭고
위험했습니다. 절벽 중간에서 따라 온 것을 후회해 보지만 되돌리기에는
너무 많이 와버렸습니다.
발밑은 간질거리고 어질어질 현기증까지 날 지경입니다.

바닷가 어린 소녀는 바구니를 들고 위험한 벼랑을 타고 내려갔습니다.
벼랑 아래 갯바위에는 온갖 해초들부터 소라, 고둥까지 먹을 것이
가득했습니다. 벼랑에서 떨어져 꼽추가 된 동네 여자의 불룩한 등이
소녀를 괴롭혔지만 눈앞에서 어른거리는 해산물들을 포기할 수
없었습니다.

어른이 된 후에도 나는 가끔씩 그 가파른 벼랑길을 오르내리던 악몽을
꿉니다. 그러나 지금 상황은 꿈이 아닙니다. 제발 꿈이길 바라며 한 발 한
발, 바위를 올랐습니다. 해녀들은 그 무거운 짐까지 지고 잘도 오릅니다.
벼랑을 다 올라서자 그곳은 뜻밖에도 주상절리대 전망대였습니다.

목책 안에서 관광객들이 이상한 눈으로 나를 쳐다보았습니다.
나는 본의 아니게 입장료를 내지 않고 들어온 것입니다. 나는 서둘러
그곳을 빠져나왔습니다. 소라를 메고 온 해녀 할망들은 주상절리대 앞에서
소라를 팔고 있었습니다.
주상절리대 비경보다 나는 저 해녀 할망들이 더 대단해 보였습니다.

갯깍주상절리대

진모살은 중문해수욕장의 옛 이름입니다. 긴 백사장이란 뜻입니다.
배낭을 메고 해수욕장을 걸어보기도 처음입니다. 하얏트호텔 산책로를
지나면 조른모살이라는 작은 백사장이 나옵니다. 거대한 바위병풍들이
해안북면을 감싸고 있어 무슨 요새 같은 곳입니다. 여기서부터 또 다른
주상절리대가 펼쳐집니다. 갯깍주상절리대입니다.

주상절리(柱狀節理)란 용암이 흘러나와 바다와 만나 급격히 식으면서
형성되는 기둥모양의 수직절벽으로 바위의 문양이 대체로 6각형입니다.
지나온 지삿개 주상절리대가 위에서 내려다볼 수만 있는 곳이라면
이곳은 주상절리대 해안으로 직접 걸어갈 수 있는 곳입니다.
거대한 절벽과 바다 사이엔 검은 갯돌들이 펼쳐져 있습니다.
파도는 금방이라도 절벽을 향해 기어오를 태세입니다. 울퉁불퉁한 바위를
밟으며 길을 갑니다. 길이라기보다는 걷기 편하게 돌을 편편하게
해놓은 것입니다.

들렁궤 동굴

갯깍길 벼랑에 '다람쥐궤'라는 동굴이 있습니다. 선사시대 유적이 발견된
굴입니다. 다람쥐는 제주 방언으로 박쥐를 뜻하고, 궤는 동굴입니다.
즉, 박쥐동굴입니다. 직접 올라가 보았지만 박쥐들은 보이지 않고
동굴에서 바라보는 바다풍경이 근사합니다. 한 구비 돌아서자 또 동굴이
나타납니다. 동굴은 서쪽바다를 향해 뚫려 있습니다.
터널처럼 생긴 이 동굴을 '들렁궤'라 부릅니다. 동굴 내부 천장은
육각형으로 생긴 바위들이 문양을 만들어 마치 중세시대 성당 내부를
연상시킵니다. 금방이라도 그레고리안 찬트가 들려올 것 같습니다.

가만히 귀 기울이면 파도소리가 공명을 일으키며 들려올 뿐입니다.

동굴을 빠져 나오자 해병대길이라는 표지판이 서 있습니다. 해녀들이나 간신히 지나다니던 길을 해병대의 도움으로 바윗길을 냈다고 합니다. 몽돌 박혀 있는 길 중간중간에 갯메꽃 줄기들이 넝쿨로 수를 놓고 있습니다.

해병대길 끝나는 지점에 예래 하수종말처리장이 있습니다.
이곳이 반딧불이 서식지라는 팻말이 서 있습니다. 이곳으로부터
열리 해안길입니다.

열리 해안길은 꽃길입니다. 보랏빛 갯무꽃과 노란 유채들이 만발해
있습니다. '흐드러지다' 라는 말은 이럴 때 쓰는 말입니다.
포장된 해안길을 버리고 위쪽 밭길로 걸어가 봅니다.

바람이 그린
그림

묵정밭에는 제철 만난 온갖 꽃들이 피어 있습니다.
유채, 갯무우, 꽃다지,
카메라를 들고 가만히 있으면
뷰파인더 안으로 바람이 꽃을 들고와 그림을 그립니다.
푸드덕 푸드덕, 여기저기서 꿩들이 날아오릅니다.
인간의 손길이 닿지 않을수록 자연은 더 아름다운 법입니다.

그러나 이곳도 얼마 후면 휴양단지로 개발된다고 합니다. 외자를 유치해 50층짜리 빌딩도 들어선답니다. 이 꽃길 위에, 반딧불이가 사는 논짓물 그 맑은 물 위에 말입니다.

소라방생

하예 해안가에 제주 사내들이 삼삼오오 모여 앉아 누군가를 기다립니다.
그들이 바라보고 있는 바다에서 해녀들이 물질을 끝내고 올라오고
있었습니다. 전형적인 제주 남자들, 그들의 일이란 해녀들이 채취해 온
소라를 받아가는 것까지입니다.
물에서 막 올라온 한 해녀 할망이 나를 불렀습니다. 아마도 그 할망은
짐을 받아 갈 가족이 없나 봅니다. 할망의 태왁 아래에는 소라가 든 무거운
망태기가 매달려 있었습니다. 할망은 내게 소라를 자루에 옮겨 담을 수
있도록 입구를 벌려 달라 합니다.

> 나도 한 때 해녀(?)였던 적이 있었습니다. 초등학교 때까지……
> 섬마을 아이들은 걷기 시작하면서부터 헤엄을 배우지요.
> 학교는 바닷가에 있었습니다. 학교가 파하고 우리들은 바다로
> 달려갔었지요.
> 보리 익어가는 망종 무렵이면 바다 속에는 붉은 우렁쉥이들이
> 꽃처럼 달려 있었지요.
> 물안경 따위는 애초에 없었습니다.
> 물고기처럼 물속에서 눈을 뜨고 먹이를 잡았었지요.
> 소라, 멍게, 고등 등등을……

할망은 무거운 소라를 지고 비틀비틀 바윗길을 올랐습니다.
내 손에는 할망이 쥐어 준 소라 세 마리가 있었습니다.

소라 세 마리는 오후 내내 나와 올렛길을 걸었습니다. 당장이라도 몽돌에 깨서 먹을 수 있었지만 소라는 아직 어렸습니다. 할머니가 큰 놈으로 골라주셨지만 애써 잡아 온 거, 큰 놈은 팔라며 일부러 내가 어린놈으로 골라 왔습니다.

갈매기 끼룩끼룩 울면서 머리 위를 배회합니다.
갈매기와 소라, 아무 연관이 없었지만
문득 소라를 다시 바다로 돌려보내야 할 것 같은 생각이 들었습니다.
물고기를 방생한단 소리는 들어 봤지만 웬 소라 방생을?
혼자 길을 걷다 보면 외로워서 자연과 친해질 수밖에 없나 봅니다.
나는 소라를 들고 갯바위로 내려갔습니다.

어느덧 밀물이 되어 갯바위 깊숙한 곳까지 물은 들어와 있었습니다.
이곳에다 소라를 풀어 준다면 저 굼벵이보다도 더 느린 걸음으로 언제 자기가 살던 갯바위로 돌아갈까? 그렇다고 해녀할망이 물질했던 그곳으로 되돌아가 살려주기에는 너무 멀리까지 와버렸습니다.
"안녕, 소라야, 너희 셋이서 이곳 갯바위에 새 둥지를 틀려무나."

소라 세 마리를 방생(?)하고 돌아온 밤,
서귀포 횟집에서 나는 또 다른 소라를 먹었습니다.

대평포구에서
누릴 수 있는
커피 한 잔의 호사

박수기정이 바라보이는 포구에 닿았습니다. 붉은 등대 너머로 해는 지고, 포구에 있는 찻집에 들러 커피 한 잔을 주문합니다. 해 지는 박수기정을 바라보며 마시는 커피는 향기로웠습니다. 대평포구에서 누릴 수 있는 호사입니다.

9코스
대평 ~ 화순 올레

박수기정, 금지된 길에서 신의 풍경을 훔치다.

박수기정

바다를 향해 수직으로 깎아지른 거대한 바위절벽이 대평포구 서쪽을 막고 있습니다. 박수기정입니다. 박수기정이란 제주방언으로 박수물이 나오는 높은 벼랑이란 뜻입니다. 박수기정 아래 암반에서 일 년 내내 맑은 샘물이 솟아 나오는데 이 물을 바가지로 마신다고 해서 박수물이라 합니다.
옛날에는 여름날 이 물을 맞으면 부스럼이 없어진다 해서 백중 물맞이 장소로 붐비던 곳이랍니다.
박수기정이 바람을 막아 주어서인지 대평리 마을은 여느 마을보다 더 평화스러워 보입니다.
안덕계곡과 박수기정에 가려진 대평리는 은둔의 마을입니다.
덕분에 4·3의 거친 피바람도 이 마을은 비켜갔다고 합니다.

지붕 없는
마을미술관

근래에는 이 마을이 '지붕 없는 마을미술관'으로 태어났습니다. 아름다운 포구와 박수기정, 쪼슨기정 등으로 올레꾼들의 사랑을 독차지하더니, '올렛길-아트'라는 마을미술프로젝트가 이 마을을 예술마을로 바꿔 놓았습니다. 마을체험학습장에서 포구 방파제까지 이르는 구간이 '지붕 없는 미술관'으로 탈바꿈한 것입니다.

버스정류장 옆 농협창고에 마을 안내도가 만들어지고 마을 담벼락에는 꽃그림이 그려졌습니다. 방파제 벽에는 인물 사진으로 제작된 타일들로 벽화가 만들어지고 있었습니다.

난드르 올레
해녀
해상공연

토요일 밤이면 대평리 포구에서는 공연이 펼쳐집니다.
일명, '난드르 올레 해녀노래 해상공연'입니다.
대평리의 해녀들이 제주 전통 배인 테우에서 이들의 노동요인 해녀노래를
직접 선뵈는 프로그램입니다.
공연은 시작되었습니다. 오프닝 공연으로 '자리젓 밴드'의 공연입니다.
"무슨 밴드 이름이 자리젓이야, 크크크……."
여기저기서 밴드 이름만 듣고도 웃음이 터져 나옵니다.
제주다운 밴드 이름입니다.
알록달록 요란한 조명 아래서 연주되는 밴드의 연주 실력은 잘 익은
자리젓처럼 구수했습니다. 일몰 후의 바다가 보여주는 그 환상의
무대배경은 세계 어느 유명한 공연보다 훌륭했습니다.
해녀들의 공연은 포구에 떠 있는 테우에서 하기로 되어 있었지만,
파도가 거세어 자리젓 밴드가 연주했던 무대로 바꿨습니다.
해녀들의 노래가 시작되었습니다.

바람일랑 밥으로 먹곡
구름으로 똥을 싸곡
물절이랑 집안을 삼앙
설룬어멍 떼여두곡
설룬아방 떼여두곡
부모동생 이별하고
한강바당 집을 삼앙
이 업을 하라하고
이내 몸이 탄생하던가
이어싸나 이어도싸나

해녀들의 애환이 담긴 노래가락에 공연장은 숙연해집니다.
공연은 소박했지만 그 울림만은 저 무대배경만큼이나 훌륭했습니다.

반칙올레

박수기정을 오르는 길은 쪼슨길과 몰질이 있습니다. 쪼슨길은 절벽으로 오르는 바위를 정으로 쪼아 만든 길이고, 몰질(말길)은 고려 원나라 치하 때, 박수기정 위 너른 들판에 키웠던 말을 원나라로 싣고 가기 위해 포구로 향하던 길입니다.

쪼슨길 오르는 입구에는 팻말이 붙어 있습니다. 쪼슨길은 폐쇄 되었으니 몰질로 돌아가라고…….

슬픈 사연이 있는 쪼슨길을 꼭 올라가 보고 싶었는데 아쉽게도 길은 막혀버렸습니다. 올렛길에 관한 기사를 처음 접했을 때, 제일 먼저 가 봐야지, 하고 벼렸던 길이라 아쉬움은 더 큽니다.

용왕난드르 식당에서 점심 식사 중, 올레꾼 몇 명과 의기투합했습니다. 쪼슨길로 한번 가보자고…….

다행히 두 사람이 쪼슨길이 열렸을 때 가 보았던 사람들입니다.

금지된 길에서
신의 풍경을
훔치다

이백 년 전쯤으로 거슬러 오릅니다. 대평 기름장수 할머니가 이웃 화순
마을로 가기 위해 호미로 돌을 쪼아 길을 내다가, 절벽 아래로 떨어져
죽었습니다. 그 뒤 마을 사람들이 십시일반 보리를 거둬 석공에게 부탁해
길을 냈습니다. 세상이 바뀌고 화순으로 가는 도로가 뚫리면서
이 길은 풀 속에 묻혀 버렸습니다.
제주올레가 옛길을 복원해 지나다니게 했는데 개인 소유의 땅이라 길을
막아 버렸습니다.
바닷가 언덕에 있는 별장 하나를 지나면 왼쪽 낮은 돌담에 가지 말라는
표지판이 서 있었습니다. 금지된 그 길을 뛰어 넘었습니다.
가슴은 두근거리기 시작합니다.

"주인한테 걸리면 어떡허지?"

"주인은 서울 사람이라 이곳에 없어……."

"만약에 걸리면……."

"잘못했다고 싹싹 빌어야지."

사람이 몇 개월째 다니지 않아 거미줄이 앞을 가렸지만 숲 사이로 길은 나 있었습니다. 빽빽한 숲은 파도소리만 들리지 않는다면 인도네시아 어느 밀림을 걷는 것 같습니다. 숲 사이사이 걸려 있는 올레깃발이 그나마 위안이 됩니다.

세상에는 가고 싶어도 갈 수 없는 길이 많습니다. 분단국가인 우리나라는 더더욱 그렇습니다. 이 길은 오래된 옛길입니다. 땅 소유주와 협의가 잘 되어 많은 올레꾼들이 함께 걸었으면 하는 바람입니다. 가파른 바위를 붙잡고 씨름하며 오르다 보면 금세 박수기정 정상입니다.

바다가 내려다보이는 송림 아래 누군가가 만들어 놓은 평상이 있습니다. 대평리마을과 포구가 발 아래로 펼쳐졌습니다.

'용왕 난드르', 대평리의 또 다른 이름입니다. 용왕이 만든 너른 들에는
호밀이 익어가고, 용왕의 바다는 잔잔합니다. 아름다운 풍경을 많이
본 사람은 눈빛이 맑다고 했던가요. 박수기정 위에 서서 눈이 시리도록
바다를 보고 또 보았습니다. 영혼까지도 푸른빛으로 물들 때까지.

길은 절벽 가장자리로 나 있었습니다. 한때 이곳이 박수기정
올렛길이었다고 나무에 매달아 둔 리본들이 일러줍니다. 이 길에서는
새가 되고 싶습니다. 푸른 바다를 나는 한 마리 새처럼 절벽 가장자리를
날아가듯 걸어갑니다. 금지된 길이라 더 아름다웠습니다.
박수기정 안쪽으로 너른 밭들이 펼쳐져 있습니다. 그 옛날 이곳에서
길렀던 말을 대평포구를 통해 원나라로 실어갔다고 합니다.
절벽으로 동아줄 둘러쳐 있고 기정 높이 130미터라는 표지판이 서
있습니다. 대평에서 만난 한 어부는 박수기정 앞바다에 생선들이 다니는
길이 있다고 했습니다. 제주 생선들에게도 올렛길은 있나 봅니다.
절벽 아래로 검푸른 바닷물이 일렁거려 바라보기만 해도 멀미가 납니다.
서쪽으로 마라도와 가파도, 형제섬이 한 프레임에 들어옵니다.
금지된 길에서 나는 신의 풍경 한 점을 훔쳐보았습니다.
박수기정에서 내려서자 제주에서 가장 아름답다는 안덕계곡으로
올렛길은 이어졌습니다.

황개천의
붕애

한라산에서 발원한 물이 안덕계곡을 거쳐 흐르는 곳이 창고천이고,
그 천이 바다와 만나는 끝자락이 황개천입니다. 화순리지(誌)에는
이 내[川]가 황토가 많아 누런색을 띤 냇물이 바다로 흘러든다고 해
황개천이라 부른다고 적혀 있습니다.
1653년의 탐라지에는 한개[大浦]로, 18세기 후반에 발행된 제주읍지에는
항개[荒川浦]로 표기되어 있습니다. 그러나 이곳에서 만난 주민의 말에
의하면 황개천(黃狗川)이 맞다고 합니다. 이곳 바닷물과 민물이 만나는
조간대 부근에서 가끔 누런 물개가 나타났다 하여 붙여진 이름이랍니다.
한 할아버지는 황개천에서 누런 괴물이 나타나 송아지를 끌고 바다로
사라졌다는 이야기까지 덧붙였습니다.
이곳 황개천에는 장어와 참게들이 많이 서식한다고 합니다.
10코스 올레지기인 호경님은 어릴 적 이곳에서 잡혔던 '붕애'라는
큰 장어에 대해 들려주었습니다.
어릴 적 황개천에서 아버지가 큰 장어를 잡았는데 얼마나 컸던지 들고 오지
못하고 소달구지에 실어왔다고 합니다. 장어는 토막을 내 마을 사람들과
나눠먹었는데 한 토막만으로 여섯 식구가 먹었다며 어제처럼 생생하게
말했습니다.
어릴 적, 크다고 느꼈던 것들이 어른이 되고 난 후에 다시 보면, 생각보다
작았던 경험이 많습니다. 헤엄치고 놀았던 마을 저수지가 엄청 넓은 줄
알았는데, 어른이 되어 다시 찾은 저수지는 그저 둠벙에 불과했습니다.

호경님에게 미안한 일이었지만 사실 나는 그 말을 반신반의하며
들었습니다.
얼마 전 제주 공항 로비에서 전시 된 옛 제주 사진들을 본 적이 있었습니다.
그 사진들 속에서 사람 키만큼이나 큰 장어를 보았습니다. 사진 아래에는
무태장어라고 적혀 있었습니다. 2005년 여름 천제연 폭포에서 무태장어
두 마리가 잡혔다는 기사도 읽었습니다. 천지연과 천제연 등에 서식한다고
알려져 왔던 무태장어가 천연기념물로 지정된 지 39년 만에 공식적으로
처음 확인된 것이라며 사람들은 흥분했습니다. 이 물고기는 길이가
2미터 넘게 자라고 무게는 25kg이나 된다고 합니다. 뉴기니 섬이나
보르네오 섬 부근에서 살다 난류를 따라 제주까지 온다고 합니다.
소달구지에 실려 왔다던 그 붕애라는 장어가 혹, 지금도 이곳 황개천에
살고 있지 않을까요? 황개천 올렛길을 걷는 내내 온통 머릿속은
무태장어 생각뿐입니다.

치안치덕(治安治德)
안덕계곡

황개천을 거슬러 올라가자 깊고 울창한 안덕계곡이 나타났습니다.

먼 옛날 하늘이 울고 땅이 진동하고, 구름과 안개가 낀 지 칠 일 만에 큰 산이 솟아났다. 암벽 사이로 물이 흘러 계곡을 이루니 치안치덕(治安治德)한 곳이라 하여 안덕이라는 이름이 붙었다.

이곳 사람들에게 구전되어 오는 이야기입니다. 아마도 이 부근에서 화산 분출이 있었나 봅니다. 고려사 오행지(伍行志)에는 다음과 같은 기록이 남아 있습니다.

> 고려 목종 10년 탐라의 바다에서 상서로운 산[瑞山]이 솟아나, 대학박사 전공지(田拱之)를 보내 이를 살펴게 했다. 탐라 사람들이 말하기를 산이 처음 나올 때는 구름과 안개가 자욱하고 땅이 캄캄해지면서 땅의 진동이 우레소리와 같았다. 무릇, 7일 만에야 날이 처음으로 개었다.

안덕계곡은 예로부터 많은 선비들이 찾던 곳으로 제주에 유배 온 완당 김정희 선생도 이곳을 찾아 절경에 탄복했다 합니다.
원래 제주의 관광지로 알려졌던 안덕계곡은 이보다 더 상류에 있습니다.
섬에 이런 협곡이 있을까 의아할 정도로 계곡은 깊었습니다. 밧줄을 타고 오르내리는 길은 올렛길 중 가장 난코스입니다.

미답의 골짜기를 답사하는 지리학자가 된 기분입니다.
이곳은 솔잎난을 비롯해 300여 종에 이르는 희귀식물이 자라고 있어
1993년 천연기념물 제377호로 지정되었습니다. 동백나무, 종가시나무,
생달나무, 후박나무, 난대림으로 빽빽한 밀림을 뚫고 계곡을
오르내립니다. 골은 깊으나 건천입니다. 그나마 조금씩 흐르는 물들도
파래가 끼어 있습니다. 예전에는 맑은 물이 흘렀다는데 계곡 상류의
개발로 물길이 바뀌었다고 합니다.
올렛길을 걷는 중, 제주의 가장 깊숙한 속살을 훔쳐보았습니다.

10 코스
화순 ~ 하모 올레

어디로 가야 하는지, 어디로 가고 있는지,
그저 바다를 끼고 나 있는 길을 걸을 뿐입니다.
걷고 있다는 사실조차도 잊어먹을 때
비로소 영혼은 자유롭습니다.

태고 적
시간의
길

화순해수욕장에서는 바다가 외롭지 않습니다.
마라도와 형제섬이 사이좋게 떠 있습니다.
섬 하나 떠 있지 않은 바다는 너무 외로워 보입니다.
화순해수욕장 지나 산방산 자락의 퇴적암 지대를
지납니다. 수억 년 동안 바람과 파도에 의해 만들어진
바위의 결들이 빗살무늬 토기를 닮아 있습니다. 바위의
결을 가만히 만져 보면 태곳적 시간들이 느껴집니다.
오래된 시간의 결을 밟으며 걷는 길은 또 다른
시간 여행입니다.

순비기나무
향기를 따라
유년의 시간
속으로

무인도에나 있을 법한 작은 백사장들이 해안선 곳곳에 숨어 있습니다.
제주에 누드 해수욕장을 만든다는 얘기가 있었는데, 이런 백사장이라면
천혜의 누드해수욕장이 될 것 같습니다. 이 길을 걸을 때에는 그냥
지나치지 말고 바닷물에 발이라도 담가 보시기 바랍니다.
파도에 실려 온 조가비라도 주우며 걸어 봅니다. 바위틈에 숨어 있는
작은 동굴에도 들어가 봅니다. 삼방산 자락의 기운을 받으며 명상에 잠겨
보는 건 어떨까요?
어디선가 아련한 향기가 납니다. 독특한 향기의 진원지는
순비기나무입니다. 그야말로 토종 허브입니다. 넝쿨처럼 생긴 키 작은
나무는 모래언덕에 군락을 이루고 있었습니다. 어릴 적 고향 바닷가에
자라던 순비기나무가 이곳에 있습니다. 순비기나무 향기를 따라
유년의 시간으로 돌아가 보기도 합니다.

용머리 해안에 큰 범선 한 척이 보입니다. 하멜상선전시관입니다.
1653년 8월 하멜 일행이 탄 배는 제주 앞바다에서
난파되었습니다. 하멜의 표착지가 이곳 용머리 해안이 아닌 다른
곳이라는 주장이 있습니다.
제주 목사를 지낸 이익태(1694-1696)가 재임기간 동안 쓴
'지영록'에는 하멜의 표착지를 차귀진 아래 대야수포 부근이라고
적고 있습니다.
산방산과 용머리 해안, 하멜 상설 전시관, 이곳은 유명 관광지답게
사람들로 북적입니다. 한국을 서방세계에 처음 알렸던 하멜은
범선 옆 벤치에 모형으로 앉아 있었습니다. 이곳을 찾은
관광객들이 김치, 하며 하멜과 기념사진을 찍습니다. 제주에
처음 왔을 때 하멜은 스물둘 청년이었는데 지금 저 하멜은 늙어
보입니다.

용머리 해안

워낙 유명 관광지인 데다 입장료 부담이 있어 많은 올레꾼들은 대부분
이곳을 지나칩니다.
시간이 된다면 올레꾼이 되어 용머리 해안을 걸어보는 것도 좋습니다.
이곳에도 풍수사 호종단의 전설은 있습니다.
중국은 탐라에 인걸이 태어날 것이 염려되어 혈을 끊으라고
풍수사 고종달(胡宗旦:호종단)을 파견합니다. 호종단이 이곳에서
왕후지지(王后之地)의 혈맥을 찾아내 용의 꼬리와 잔등 부분을 칼로 내리쳐
끊자 시뻘건 피가 솟아 주변을 물들이며 지금의 모습이 되었다고 합니다.
입구에서 보면 평범해 보이지만 좁은 통로를 따라 바닷가로 들어가면
수천 만년 동안 층층이 쌓인 사암층 암벽이 나옵니다.
해식동굴, 수직단애들, 너럭바위에 생긴 천연 연못들, 한쪽 단애만
쳐다보면 미국 그랜드캐니언에 온 것 같습니다.
해녀들이 썰어 주는 소라 한 접시에 파도소리까지……,
올렛길의 또 다른 확장입니다.

걷고 있다는
사실조차도 잊어먹을 때
비로소 영혼은
자유롭다

해질녘 해안길을 걷는 것은 정처 없음입니다. 어디로 가야 하는지,
어디로 가고 있는지, 그저 바다를 끼고 나 있는 길을 걸을 뿐입니다.
걷고 있다는 사실조차도 잊어먹을 때 비로소 영혼은 자유롭습니다.
이따금씩 걸어온 길을 뒤돌아보면 삼방산이 계속 따라옵니다.

사계 바닷가에는 목책이 길게 둘러쳐져 있습니다. 이 부근에서
사람발자국, 새 발자국, 우제류 발자국, 어류 등 화석 100여 점이
발견되었다고 합니다. 송악산이 화산활동을 하던 시기인 구석기 말기와
신석기초에 만들어 낸 화석들입니다.
송악산의 화산이 폭발하면서 화산재가 조간대에 쌓이고 그 위를 밟고
지나간 흔적들에 또 쌓이고…….
이 올렛길은 그 오래된 시간을 찾아가는 길인지도 모릅니다.

여객선 한 척이 유행가를 틀면서 들어오고 있습니다.

얼마나 멀고 머언지 그리운 서울은
파도가 길을 막아 가고파도 못 갑니다.

여객선 간판에는 '국토 최남단 마라도'라고 쓰여 있습니다.
음악 때문인지 한산하던 부두가 술렁거리기 시작합니다. 가던 길 멈추고
나는 부둣가에서 누군가를 기다립니다. 아마도 어릴 적 섬에서 자란 탓일
겁니다.

섬에서 태어나 부산에서 공부하던 때입니다. 고향집이 그리워, 어머니가
보고 싶어, 학원이 끝나는 밤이면 나는 충무동 뱃머리로 달려가곤
하였습니다. 그때도 여객선은 저런 유행가를 틀면서 들어왔었지요.
어쩌다 운 좋게 고향 사람들이라도 만나고 돌아온 밤이면
다리를 뻗고 잠이 들곤 하였습니다.
배에서 내린 대부분의 승객들은 생면부지인 관광객들뿐입니다.
송악산으로 발길을 재촉합니다.

절 울민
날 쌘다

국토 최남단의 산, 송악산에 올랐습니다. 성산포 말미오름에서 시작한 올렛길이 서귀포 남쪽 해안을 돌아 송악산에 이르렀습니다. 섬을 반 바퀴 돈 셈입니다. 정상에서 바라보는 풍경은 거칠 것이 없습니다.
동쪽으로 한라산과 산방산이 솟아 있고 서쪽으로는 모슬포 항과 대정 너른 들이 펼쳐져 있습니다. 마라도와 가파도는 손에 잡힐 듯 가깝습니다. 낮은 오름에 비해 분화구는 꽤 깊어 보입니다.
이곳은 이중 폭발을 거친 화산으로 큰 분화구 안에 또 하나의 폭발이 생긴 것이랍니다. 대양을 지나온 파도가 절벽에 부서지며 울부짖고 있습니다. 송악산은 파도가 세게 쳐서 우는 소리가 난다고 해 '절울이오름'이라 부릅니다. 절이란 제주 방언으로 파도를 뜻합니다. 바람이 점점 거세지고 파도는 절벽에 몸을 던집니다.
'절 울민 날 쌘다.' 파도가 울면 날씨가 거세다는 제주 말입니다.

바람의
올렛길

이곳에 서면 여러 바람을 만날 수 있습니다.
오끼나와에서 올라온 태풍도 만나고, 소라나 전복씨를 갖고 온다는
영등할망의 바람도 만납니다. 그토록 사진기에 담고 싶어했던 김영갑의
바람도 이곳에서는 볼 수 있습니다.
내가 진정으로 만나고 싶은 바람은 나를 떠돌게 만드는 내 안의
바람입니다.
바람코지 송악산에서 나는 오래도록 바람을 맞고 서 있었습니다.
송악산 올렛길은 바람의 길입니다.

해안 동굴에서
해 뜨는 걸 본 적이
있으십니까?

숙소 동으로 난 새벽 창에 붉은 기운이 서렸습니다. 창을 열고 밖을
내다보니 형제섬 너머로 동이 트고 있습니다. 전날 챙겨둔 카메라 가방을
들고 살금살금 게스트하우스를 빠져나옵니다. 숙소에서 송악산으로
이어지는 해안도로는 여명의 빛으로 푸르스름하게 밝아 옵니다.
그 푸른 길을 따라 송악산 동굴로 향했습니다. 동굴로 가는 길목에는
드라마 '대장금'의 주인공들이 표지판으로 서 있었습니다. 극중에서
장금이 의녀 수련을 받던 동굴입니다.
송악산 해안절벽에는 15개의 인공동굴이 뚫려 있는데, 너비 3-4미터,
길이 20여 미터에 이르는 이 굴들은 가이텐[回天] 특공대용 동굴이라는
무서운 이름의 동굴입니다.
동굴 안내문에는 '결7호 작전'이라는 낯선 문구도 보입니다.

> 1945년 2월 9일, 일본 방위총사령관은 미군의 일본 본토 상륙을
> 대비해 그 길목을 차단하기 위한 작전을 세우고 결호(決號)작전이라
> 명명한다. 일본군이 설정한 미군의 진격가능 루트는 총 7개였다.
> 일본군은 홋카이도(결1호)와 제주도(결7호)를 가장 유력한
> 상륙지점으로 판단했다.

이곳에서 가까운 알뜨르 비행장 격납고가 하늘을 나는 가미가제[神風]
자살특공대를 위한 곳이라면 이곳 동굴들은 바다 자살 특공대들이
은신한 곳입니다. 어뢰와 폭탄을 실은 소형보트들이 동굴에 숨어 있다가
미군함대가 나타나면 질주해 자폭한다는 설정이었습니다.
성산포 수마포 동굴이나 이곳 송악산 동굴이 그 대표적인 곳입니다.

동굴에 앉아 제주 바다에서 떠오르는 일출을 기다립니다.
하루 중 가장 아름다운 시간은 해뜨기 직전의 시간과 일몰 전후의
시간이라는 걸 사진을 찍으면서 알게 되었습니다. 삶에서 이 아름다운
풍경들을 볼 수 있는 시간은 한정되어 있습니다. 낮과 밤이 바뀌면서
만들어내는 그 오묘한 시간 속에서 현실로는 가닿을 수 없는
시원의 시간을 느껴 보기도 합니다.
붉은 기운이 점차 퍼지면서 삼방산과 한라산을 물들입니다. 형제섬을
감싸고 있는 바다도 붉게 물들어갑니다. 붉디붉은 진통이 끝난 후에야
태양은 바다 위에서 그 모습을 드러냅니다.
한라산 자락으로 펼쳐진 서귀포 해안이 하루를 시작합니다.
이 아름다운 풍경을 바라보는 곳이 전쟁의 상흔으로 얼룩진 동굴이 아닌
천연 해식동굴이었으면 훨씬 더 아름다울 것을…….

아!
모.슬.포.

모슬포, 처음 그 지명을 들었을 때, 막연히 어떤 애잔함 같은 게
느껴졌습니다. 지도를 두고 봤을 때 제주의 서쪽 맨 끝자락이어서
그럴지도 모른다는 생각이 듭니다.
어릴 적부터 세계지도 보기를 좋아했던 나는 언젠가
지구의 극 서점이 있는 포르투갈에 꼭 가 보고 싶었습니다.
내 첫 해외여행은 리스본 부둣가에서 어슬렁거리는 걸로 시작되었습니다.
뭍에서 더 이상 밀려날 수 없는 절박함,
먼 바다에서는 닿을 수 있는 그리움…….
제주에서의 모슬포 부두를 어슬렁거리는 것은 그런 맥락입니다.

그 모슬포가 올렛길 10코스 끝자락에서 날 기다리고 있었습니다.
모슬포에서 제일 먼저 나를 반긴 것은 '파랑도'라는 다방 간판이었습니다.
석양의 잔영이 희미하게 남아 있는 항구 끄트머리, 막 불이 들어오기
시작하는 파랑도 다방 간판은 온종일 길을 걸어온 나그네를 유혹하고
있었습니다. 그 불빛에 이끌려 배에서 막 내린 사내 두 명이
생선 비늘도 털지 않은 채 다방 문을 열고 안으로 사라졌습니다.
그들은 상상의 섬 파랑도에서 막 도착한 것일까요? 저 다방에 들어가면
그곳으로 가는 길을 알 수 있을까요? 차마 그 문을 열지 못하고 옆집
물꾸럭 식당으로 들어갔습니다. 물꾸럭은 문어의 제주 말입니다.

어랭이 물회 맛은
낯설었지만…….

식당 문을 들어선 두 사내가 '어랭이물회'를 달라고 소리쳤습니다.
어랭이라는 생선이 어떤 생선일까? 난생 처음 들어보는 생선 이름에
눈을 벽에 붙은 메뉴판으로 돌렸습니다. '어랭이 물회 6,000원.'이라는
글씨가 눈에 띄었습니다. 섬에서 자란 탓에, 우리 근해에서 잡히는
대부분의 생선 이름 정도는 다 꿰고 있다고 자부하고 있었던 터라
나는 더욱 그 생선이 궁금했습니다. 백령도에 갔을 때 식당에 팔랭이라는
생선 이름이 적혀 있던 걸 보았습니다. 알고 보니 팔랭이는 가오리의 또
다른 이름이었습니다. 가오리가 양 날개를 팔랑거리며 헤엄친다고
그런 재미있는 이름이 붙여졌다고 합니다. 아마도 어랭이라는 이름도
내가 알고 있던 생선 이름의 또 다른 이름일 것입니다.
"이 식당 어랭이 물회 맛이 울 엄니가 해주던 그 맛이야, 그래서 난 가끔씩
이 식당에 온다네."
사내들은 내 옆 좌석에 앉아 혼자서 갈치국을 먹고 있는 나를
흘끔거렸습니다. 식당은 좁아서 딱히 앉을 데가 없었기 때문입니다.
누군가는 어머니가 성장기에 해주었던 음식이 제일 맛있는 음식이라고
했습니다. 울 엄니가 해 준 음식 중 가장 맛있었던 음식이 혹시 이 갈치국은
아니었을까?
나는 갈칫국을 뒤적거리며 돌아가신 어머니를 생각합니다. 어린 배추를
넣고 칼칼하게 끓인 갈치국은 유년의 기억을 떠올리기에 충분합니다.
"올렛길 걸으려 왔수꽈?"
어머니가 해준 음식 맛을 잊지 못해 이 식당을 찾았다는 사내가 내게 말을

걸었습니다. 그의 사모곡을 엿들은 후라서 그런지 사내의 얼굴은 소년처럼 해맑아 보였습니다. 막 갈치토막을 입에 넣은 후라 대답대신 고개를 끄덕였습니다.

"모슬포는 어디가 좋았수꽈?"

글쎄, 모슬포 어디가 좋지? 나는 '모, 슬, 포,' 하고 입안으로 우물거려 보았습니다.

"저는 모슬포라는 지명이 참 좋아서요."

"모슬포라는 이름은 '못살포'라는 이름에서 유래된 거우다. 댁이 생각하는 것처럼 그렇게 낭만적인 지명이 아니우다."

바람이 하도 거세게 불어서 사람 살기가 힘들어 생긴 이름이라고 그는 얼굴을 찡그리며 말했습니다. 나는 괜히 말을 잘못했나 싶어 가만히 눈치를 살폈습니다. 제주 서쪽은 현실의 바람뿐 아니라 역사의 피바람도 거세게 몰아닥친 곳으로도 유명합니다.

이재수의 난에서부터 4·3항쟁까지…….

나는 분위기도 반전시킬 겸 어랭이가 무슨 생선이냐고 물었습니다.

수족관에서 생선을 건져 오던 주인이 뜰채를 들고와 보여주었습니다.

어랭이라는 생선은 제주 사려니 숲에서 알을 품는다는 팔색조를 닮아 있었습니다.
"어, 놀래기라는 생선과 비슷하네요."
"그래요, 놀래기를 아는 걸 보니 어디 바닷가에서 살았수꽈?"
"네, 저도 섬에서 나고 자랐습니다."
사내의 목소리가 한결 부드러워졌습니다.
"어랭이는 특히 제주 사람들이 좋아하는 생선이지요. 용치 놀래기라고 부르기도 하지요."

나도 그 말을 듣고 어랭이 물회를 시켰습니다.
처음 먹어 보는 어랭이 물회 맛은 낯설었지만 그 낯설음을 안주 삼아
그들과 한라산 소주를 마셨습니다. 오늘 걸어 왔던 올렛길이 파랑도처럼
아득하게 느껴졌습니다.

11 코스
모슬포 ~ 무릉 올레

지금까지의 올렛길이 자연에 대한 찬가였다면
오늘 걷는 올렛길은 순례자의 길입니다.

이 지구상에
이런 슬픈 비문이
또 있을까?

산방산을 배경으로 펼쳐진 상모리 알뜨르 들녘은 평화로워 보였습니다.
알뜨르는 아래로 펼쳐진 너른 들이란 뜻입니다. 감자 수확이 한창인 너른
들 저편으로 특이한 인공구조물들이 보입니다.
말로만 듣던 비행기 격납고입니다. 대륙 침략을 위해 일본군은 이곳에
하늘을 나는 가미가제[神風]자살특공대를 위한 격납고를 만들었습니다.
중일전쟁이 발발하자 이곳에서 출격한 전투기들이 중국 난징(南京)을
폭격했습니다. 들여다본 격납고 안에는 감자 박스와 감자 캐는 일꾼들
새참이 들어 있었습니다. 막걸리 한잔하고 가라는 노인들을 뒤로 하고
섯알오름으로 향했습니다.

알뜨르 비행장을 지나다 보면 작은 언덕 같은 섯알오름을 만납니다.
이 섯알오름은 4·3의 아픈 근대사가 묻힌 곳입니다. 1950년 8월 20일,
당시 모슬포 경찰서에 예비검속으로 구금되어 있던 357명 중 252명이
학살당한 장소입니다.
섯알오름에서 학살된 사람들의 시신은 한동안 방치되어 있었습니다.
군에서 시신 수습을 막았기 때문입니다. 시신을 수습할 수 있었던 때는,
사건 발생 5년 9개월 만이었습니다.
누가 누군지 시신을 구분할 수 없었습니다. 원래 이곳은 바닥이 일제의
탄약고였기 때문에 콘크리트였습니다. 그곳에 비가 고이고 시신은
썩어갔습니다.
"사람으로 멜(멸치)젓갈을 담았지."

이곳에서 만난 할아버지는 그 당시의 악몽을 얼굴을 찡그리며
증언했습니다. 오름 주위로 추모의 길이 조성되어 있습니다.
가슴 아픈 역사 위에도 올렛길은 나 있습니다.

섯알오름에서 발굴한 시신들은 한데 엉켜 누가 누군지 구분할 수가
없었기에 칠성판에 두개골 하나, 척추뼈 하나씩 얹고 공동묘역을 조성하고
백조일손지묘(百祖一孫之墓)라 비석을 세웠습니다. 백조일손지묘란
백 할아버지의 한 자손이 묻힌 무덤이라는 뜻입니다.

올렛 길은
작은 구멍가게
이름까지도
바꿔 놓았습니다

    모슬봉을 향해 상모리 마을을 통과합니다. 가격폭락으로 수확을 못한 양배추들이 노란 장다리꽃을 피워 올렸습니다.
'올레상점'이라는 구멍가게에 들러서 커피 한 잔을 마십니다.
올렛길은 작은 구멍가게 이름까지도 바꿔 놓았습니다.

무덤의
올렛길

일주도로를 가로질러 모슬봉에 올랐습니다. 군부대 레이더 기지가 있는 정상은 억새풀 세상입니다. 옛날에는 봉수대가 있어 남으로는 저별악(송악산) 봉수, 북서쪽으로는 차귀봉수와 연락했다고 합니다. 모슬봉 주변으로는 이 지역 최대 공동묘지입니다.

올레 11코스는 전쟁이 남긴 상흔들과 무덤의 길입니다. 지금까지의 올렛길이 자연에 대한 찬가였다면 오늘 걷는 올렛길은 순례자의 길입니다. 이 길을 걸었다는 한 노인을 만났습니다. 그 올레꾼은 이 길이 무덤이 너무 많아 피하고 싶었노라고 털어놓았습니다. 죽음이라는 피할 수 없는 명제 앞에서 우리 모두는 어쩌지 못하는가 봅니다. 바람에 실려 온 유채씨앗들이 쓸쓸한 묘지를 그나마 장식하고 있었습니다.

걷는 것은
상상력을 키우는
것입니다

공동묘지 비석 하나 보고 길 떠나지 못합니다. 봉분은 내려앉았고
삐툴삐툴 흘려 쓴 비석에는 이런 글귀가 새겨져 있었습니다.
'김도철어머니묘'
그 흔한 유채씨앗도 이곳은 피해갔는지 꽃 한 송이 피어 있지 않았습니다.
비석은 단단한 화강암도, 제주에 흔한 현무암도 아닌, 푸석푸석한
시멘트 같은 걸로 만들어져 있었습니다. 저 무덤의 주인은 왜 비석에
이름이 적혀 있지 않고 아무개의 어머니로 남아 있을까? 나는 묘지에
주저앉아 묘지 주인에게 말을 걸어 봅니다.
"당신은 누구십니까?"
나는 묘지에 묻힌 사람보다 이 묘비를 적은 사람이 궁금했습니다.
김도철이라는 사람일까? 그렇다면 어머니 이름 정도는 알고 있지
않았을까? 궁금증은 더해 갑니다. 이 묘지의 주인은 아마 가족 없이 홀로
살다 간 할망인지 모릅니다. 나는 소설 한편을 쓰기 시작합니다. 마라톤이
집중력을 요하는 운동이라면 걷기운동은 상상력을 키우는 운동입니다.

저 무덤의 주인은 자식을 먼저 저세상으로 보냈어, 바다에 나가 죽었든지,
혹시 조금 전 보았던 4·3의 희생자였든지, 마을 사람들은 저 무덤의
주인을 아무개의 어머니로만 알고 비문을 그렇게 썼을 거야.
이 많은 무덤의 비문 하나하나 사연을 캐자면 일 년도 모자랄 것입니다.
김도철 어머니와 작별하고 공동묘지를 내려옵니다.

정난주의 묘

모슬봉 공동묘지를 내려오자 천주교 성지 하나 나타났습니다.
'정난주 마리아의 묘'입니다.
아! 또 묘지입니다. 그래도 이 묘지의 사연을 알아보고 가렵니다.
이곳은 조선 순조 때 백서사건을 일으켰던 황사영의 부인이자 정약용
선생의 조카인, 정난주가 묻힌 곳입니다.
신유박해가 일어나자 황사영은 배론성지에 숨어 중국에 편지를 써서
보냅니다. 편지의 내용은 조선에서 자행되는 천주교 박해의 실상을 적고,
조선에 군대를 끌고 와서 이 박해를 멈추게 해달라는 내용이었습니다.
편지는 중국으로 전해지지 못하고 조정에까지 알려지게 되었습니다.
이 사건이 역사시간에 배웠던 유명한 황사영 백서사건입니다.
이 사건으로 정약용 선생이 강진으로 유배되고, 황사영은 처형되었습니다.
그리고 무덤의 주인인 황사영의 처 정난주는 노비가 되어 이곳 제주로 쫓겨
오게 됩니다.
두 살 난 아들을 데리고 제주로 향하던 정난주는 추자도에서 뱃사공을
매수해 어린 아들을 섬에 내려놓는데 성공합니다. 비록 노비신분이었지만
신앙을 지키며 살다 예순여섯에 이곳에서 숨을 거두었습니다.
모진 시련을 신앙으로 이겨낸 정난주의 삶이 순교자의 생애를 방불케해
한국 천주교에서는 그를 순교자 반열에 올리고 있습니다.

누군가가 놓고 간 꽃다발이 묘지에 놓여 있었습니다. 길섶에 핀 유채꽃
한 묶음 꺾어다 그녀에게 바칩니다. 추자도에 내려놓고 온 아들은
추자도에서 일가를 이루었다고 전합니다.

비밀의
정원

제주도만의 독특한 지형인 곶자왈은 크고 작은 바위들이 매우 두껍게 쌓여 있어 아무리 많은 비가 올지라도 빗물이 그대로 지하로 스며들어 제주의 생명수인 지하수를 만들어 냅니다. 흙 없이 부엽토만으로 바위 위에 숲을 이룬 곳으로 지금도 알려지지 않는 식물이 보고되는 '미지의 숲'입니다. 오염된 공기를 정화시키는 특성으로 인해 '제주의 허파'로 불립니다.
곶자왈은 제주 말로 가시덤불이 우거져 쓸모없는 땅입니다. 불모지여서 누구도 관심 갖지 않았기에 숲은 잘 보존되었습니다.
가시덤불로 인해 들어가기 어려웠던 신평-무릉 곶자왈에도 올렛길이 만들어져 일반인에게 공개되었습니다.

백서향의 향기에
노루가
재채기를 하다

내가 처음 곶자왈을 찾은 것은 백서향 꽃피던 초봄이었습니다. 비밀의 화원 같은 그곳에 신비의 꽃 백서향은 피어 있었습니다. 작은 꽃에서 피어나는 신비의 향기가 숲에 가득했습니다. 꽃향기에 취해 노루가 재채기를 했습니다.

옛날 어떤 비구가 잠결에 맡은 상서로운 향기를 잊지 못해 계곡을 헤매다 찾은 꽃이라 합니다. 꽃의 생김새는 천리향과 비슷했지만 그 향기만은 비교우위입니다. 꽃을 카메라에 담자 카메라에서도 향기가 묻어났습니다.

계절은 초여름으로 바뀌고, 다시 찾은 곶자왈에는 삼동이 자락자락 열렸습니다. 까마중처럼 생긴 검은 열매들을 따 먹어 보니 새콤달콤하니 맛있습니다. 삼동으로 담근 술이 신경통에 좋다며 주민들이 삼동을 따고 있었습니다. 곶자왈 노루들도 삼동을 따 먹기 위해 사람들과 숨바꼭질을 합니다. 삼동이 자락자락 많이 열리면 풍년이 든다던데, 올 제주는 풍년이 들 것 같습니다.

곶자왈 숲길은 아열대 상록수림으로 숲 터널을 이루고 있습니다. 제주도의 도목(道木)인 녹나무는 물론이고 조롱나무, 종가시나무, 후박나무 등이 울창합니다. 희귀난인 새우난도 이따금씩 숨어 있습니다. 나무들을 타고 오르는 콩짜개 난들과 양치류들도 숲의 식구들입니다.

바위들이 켜켜히 쌓여 있는 지형에서 저리도 훌륭한 숲을 만들어 내다니, 자연의 경이로움에 고개가 숙여집니다.
4킬로미터 남짓한 곶자왈 올렛길은 어떤 길과도 비교할 수 없는 보물입니다.

12 코스
무릉 ~ 한경 올레

해안선을 따라 구불구불 이어진 길은
어느 봄날, 꿈속에서 보았던 풍경처럼 아득하기만 하고…….

무릉도원
올렛길

곶자왈 숲 지킴이인 제주 자연생태문화 체험골 강영식 촌장을 만났습니다.
서귀포가 고향인 강 촌장은 20여 년간 서울에서 생태관련 전문지
기자생활을 하다, 제주 출장길에 발견한 폐교에 마음이 끌려 낙향을
결심하게 되었답니다.
"무릉 곶자왈은 길이가 12.5킬로미터나 되요. 제주에서 가장 긴
곶자왈이죠. 공개된 숲길은 4킬로미터 남짓 됩니다."
그가 이 비밀의 숲을 발견하게 된 것은 10년 전, 녹색농촌마을 공모를
위해 마을에서 가장 아름다운 곳을 조사하던 중, 발견했다고 합니다.
올렛길이 개척되면서 모슬포지역을 대표하는 자연경관을 공개하기로
마음먹었답니다. 숲이 공개되면서 희귀식물인 백서향이나 난(蘭)들이
수난을 당하고 있다며 그는 안타까워했습니다.
그가 운영하는 제주 자연생태문화 체험골은 제주식 돌담 쌓기, 농사
체험, 제주의 동식물 체험 등의 프로그램이 운영되고 있었습니다. 그리고
올레꾼들을 위한 게스트하우스도 함께 운영중이었습니다.
촌장님의 설명을 듣고 길을 나섭니다. 무릉리가 있고 도원리가 있습니다.
그야말로 무릉도원입니다. 마을을 벗어나자 무릉리 너른 들이 온통 마늘밭
천지입니다. 마늘쫑을 미처 뽑지 못해 잘라 버립니다. 그래야만 실한
뿌리가 된답니다. 마늘밭 사이사이로 호밀이 자라고 있습니다. 바람에
일렁이는 호밀밭 길을 걸을 때에는 마치 영화의 주인공이라도 된 것
같습니다.

신도 연못을 지나고 녹낭봉에 올랐습니다. 녹나무가 많아서 이런 이름이
붙여졌답니다. 녹낭봉 나무 사이로 보이는 무릉 들녘은 이곳이 섬이라고는
믿기지 않을 정도로 넓었습니다. 오름을 내려서도, 마을을 빠져나와도
끝없는 마늘밭길이 펼쳐졌습니다. 단조로운 풍경 때문인지 생각까지도
단순해집니다.

마늘밭이 끝날 즈음 바닷가에 이르렀습니다. 바다는 황사로 인해
무채색입니다. 암울한 바닷가에 식당 하나 나타났습니다. 식당 주인은
올렛길이 생겨 손님이 많아졌다며 환하게 웃었습니다. 강아지 한 마리
졸졸 따라다니기에 이름을 물었더니 망설이다가 이름을 아직 짓지
않았는데 그냥, 올레라고 부를까? 합니다. 올레슈퍼에 강아지 올레까지,
"인간 올레 배고파요. 밥주세요." 나는 주방을 향해 외쳤습니다.
올레 소리에 올레 강아지가 귀를 쫑긋거렸습니다.

바다는 꼭 푸르지 않아도 됩니다. 무채색의 바다는 철학적입니다.
암대극이 노랗게 피어 있는 해안가 길을 걷습니다. 이곳에서는 저 노란
꽃만이 색깔을 지녔습니다.

너럭바위에 사람들의 발자국들이 선명하였습니다. 문경 옛길을 걸은 적이
있었습니다. 사람들의 발길에 바위가 패어 있는 걸 보았습니다. 세월이
흐르면 이 바위 길 위에도 올레꾼들의 걸음이 흔적으로 남을 것입니다.

해안도로 곁에 돌탑이 보입니다. 원형으로 쌓아 올린 돌탑 위에는 하루방처럼 생긴 석상이 세워져 있었습니다. 안내판에 방사탑이라고 적혀 있습니다. 마을 한 방위에 불길한 징조가 비치거나 풍수상 허한 곳으로 들어오는 액운을 막기 위함이랍니다. 활짝 핀 유채꽃이 방사탑을 장식해 놓았습니다. 그 모습만으로도 액운이 막아질 것 같습니다.

수월봉 정상에 올랐습니다. 바람은 점점 거세지고 뿌연 황사로 인해 아무것도 보이지 않았습니다. 고산기상대와 수월정이라는 정자만이 간신히 보일 뿐입니다. 앞바다 어디쯤 있다는 차귀도는 숨어 버렸습니다. 길은 잠시 황사 속에 숨겨 두고 숙소로 발길을 돌려야 했습니다.

수월봉의 전설

약 350년 전, 이곳에는 수월이와 녹고라는 두 남매가 홀어머니를 모시고 의좋게 살고 있었습니다. 어느 해 봄. 어머니는 몹쓸 병에 걸려 자리에 눕게 되었는데, 날이 갈수록 점점 병세는 위독하여 가기만 하였습니다. 좋다는 약은 다 써보았으나 별로 효과를 보지 못하여 수월이와 녹고는 눈물만 흘리고 있었습니다.

그러던 어느 날, 한 스님이 지나다가 이들 남매의 사연을 듣고 가엾게 여겨, 백 가지의 약초를 가르쳐 주면서 그것을 달여 먹이면 어머니의 병이 나을 거라 일러 주었답니다. 수월이와 녹고는 백 가지의 약초를 캐기 위해 이곳저곳으로 애써 돌아다녔습니다. 아흔 아홉 가지의 약초를 캐었으나 안타깝게도 마지막 한 가지 약초는 구하지 못하였습니다.

마침내 수월봉 절벽에서 약초를 발견하고, 수월이는 녹고의 한쪽 손을 잡고 절벽 아래로 내려갔습니다. 수월이는 그 약초를 캐어 녹고에게 건네주었는데, 녹고가 그 약초를 받는 순간 기쁨에 넘쳐, 잡았던 수월이의 손을 그만 놓쳐 버리고 말았습니다. 수월이는 절벽 아래로 떨어져 죽었습니다. 녹고는 누이를 잃은 슬픔으로 열이레 동안 슬피 울었습니다. 녹고의 그 슬픈 눈물은 바위틈으로 들어가 지금의 '약수 녹고물'이 되었고 사람들은 이 봉우리를 '수월봉'이라고 불렀습니다.

수월이와 녹고 남매의 슬픈 전설이 서려 있는 수월봉을 다시 찾았습니다.
황사로 보이지 않았던 풍경들이 사방으로 보입니다. 차귀도가 바다 너머로
펼쳐집니다. 왼쪽부터 지실이섬, 썩은섬, 죽도, 와도,
매점 주인은 와도의 모습이 돌하루방이 누워 있는 형상이라고 일러줍니다.
용수포구에서 와도를 보면 임신한 여자가 누워 있는 형상이랍니다.
동쪽 해안길이 구불구불 이어집니다.
길 끄트머리, 거대한 바람개비가 돌아가는 모습이 이국적입니다.

엉알길

수월봉 아래 '엉알' 길을 걷습니다. 수억 년에 걸쳐 만들어진 해안 절벽이
마치 시루떡처럼 켜켜이 쌓여 있습니다. 해안선을 따라 구불구불
이어진 이 길은 현실세계가 아닌 어느 봄날, 꿈속에서 보았던 풍경처럼
아득하기만 합니다.
섬을 바라보며 걷다 보면 어느새 자구내 포구에 도착합니다. 자구내의
본래지명은 '돔베성창'입니다. 포구가 직사각형이라 돔베(도마)처럼
생겼다고 하여 그런 지명이 붙여졌답니다. 이곳은 낚시꾼들에게 더 알려진
포구입니다. 영화 이어도 촬영지라는 표지판이 서 있고 차귀도는 이어도가
되어 저만큼 떠 있습니다. 포구에는 '차귀섬 호종단의 전설'이라는
표지석도 있습니다.

호종단(胡宗旦)이 제주의 수맥을 모조리 끊은 뒤 돌아가는 길에 날쌘 매를
만났는데 매가 돛대 위에 앉자 별안간 돌풍이 일어 배가 가라앉았다고
합니다. 이 매가 바로 한라산의 수호신이고 지맥을 끊은 호종단이
돌아가는 것을 막았다 하여 차귀도라 불렀답니다.

신호 유적이
되어 버린
도대불

포구에는 제주의 옛 등대인 도대불이 서서 올레꾼들을 반기고 있습니다.
밤에 조업을 나간 배를 유도하기 위해 연대 위에서 횃불로 불을 밝혔다고
합니다. 석유가 들어오기 전까지는 솔칵이나 생선기름으로 불을 밝혔는데,
상어기름은 '구린지름'이라 불리며 많이 사용했다고 전합니다.
새로운 등대에 자리를 내준 도대불은 신호 유적이 되어 포구를 지키고
있었습니다.

일몰을 보며
한잔하기
가장 좋은 곳

자구내 포구에 면한 당산봉을 오릅니다. 언덕에 올라서자 온통
띠밭입니다. 저 띠들은 제주의 초가지붕을 이는 데 많이 사용되었던
풀입니다. 허리까지 차오르는 풀 너머로 푸른 바다가 펼쳐집니다.
생이기정입니다. '생이'는 새를 뜻하고 '기정'은 절벽입니다. 새들이
날아드는 절벽이란 뜻입니다. 차귀도 여러 섬들이 오륙도로 보이고, 절벽
아래로 갈매기 몇 마리 날아오릅니다. 바다는 시시각각 다양한 푸른빛을
보여줍니다. 어떻게 이런 곳에 길을 낼 생각을 했을까? 12코스의 종점인
용수포구가 빤히 바라보입니다.
낚시꾼들이 다니는 좁은 길을 따라 생이기정 허리를 돌아나가면, 새들의
배설물이 절벽 바위에 켜켜이 쌓여 있는 흰 기정을 만날 수가 있습니다.

해는 기울고 바다는 점차 황금빛으로 물들어 갑니다. 이곳에서 일몰을
맞으리라. 지아비를 기다리다 목을 맨 절부암의 사연도, 용수 포구도,
일몰 후 가보리라. 띠 수북이 자란 풀밭에 주저앉았습니다.
같이 온 지인들은 저무는 바다 풍경에 넋을 잃었습니다. 자구내포구에서
구워 온 준치와 맥주 세 캔이 일몰을 위한 만찬이 되었습니다.
'일몰을 보며 한잔하기 가장 좋은 곳.'
우리는 건배를 합니다.
좋은 풍경, 좋은 사람들, 그리고 아름다운 올렛길을 위하여…….

13 코스
용수포구 ~ 저지오름

바당올레를 걸을 때면 바다가 가장 좋은 것 같더니,
숲길 올레에서는 숲이 더 좋은 것 같습니다.
숲과 바다 사이에서 나는 행복한 고민에 빠지고 말았습니다.

절부암의
슬픈 전설

용수 포구에는 슬픈 사연이 깃든 절부암이라는 바위가 있습니다.
조선조 말, 용수 마을에 열아홉 살 난 고씨 처녀와 강사철이 결혼해
살았습니다. 강사철이 테우를 타고 차귀도에 대나무를 베러 갔다가 풍랑을
만나 불귀의 객이 되고 말았습니다. 남편을 기다리다 지친 고씨 부인은
포구 나무에 목을 매달았습니다. 그러자 신기하게도 남편의 시체가 부인이
목을 매단 나무 밑 바다에 떠올랐습니다.
마을 사람들은 중국의 고사, 아버지가 강에 빠져 죽은 후 울다 따라 죽은
어린 딸이 아버지의 시체를 안고 떠올랐다는 '조아포시(曹娥抱屍)'와
같다며 하늘이 낸 열녀라 칭송하였습니다.
당시 대정판관이었던 신재호(愼哉祜)는 고씨 부인의 일을 조정에 알리고
부부의 시신을 합장하여 장례를 치러주고, 바위에다 절부암이라 새겨
넣었습니다. 지금도 용수리에서는 음력 3월 15일이면 고씨의 넋을 기리는
제사를 지낸다고 합니다.
포구에 있는 큰 안내판에 비해 절부암은 낮은 언덕 숲속에 초라하게
숨어 있었습니다. 시신이 밀려왔다는 바다는 매립이 되어 저만큼 밀려나
있습니다. 일부종사를 최고의 미덕으로 살았던 시절의 이야기입니다.

올레 13코스는 절부암 아래 포구에서 시작되었습니다. 이 포구는 한국의
천주교 첫 사제인 김대건 신부가 사제서품을 받고 한국으로 향하던 중
풍랑으로 표류하다 귀착한 곳이기도 합니다. 용수 성당이 바다를
내려다보고 서 있습니다.

포구를 벗어나자 지루한 농로길이 이어졌습니다. 8월의 한낮 태양은 길을 걷는 올레꾼의 정신력과 체력을 테스트합니다. 불어오는 바람조차도 뜨거웠습니다. 온몸이 땀으로 적셔질 즈음 저수지 하나가 나타났습니다. 용수 저수지입니다. 바다처럼 나타난 저수지가 반가웠습니다. 저 강렬한 태양을 식혀 줄 대상은 물뿐이란 생각이 듭니다. 저수지 둑에 앉아 잠시 숨을 돌립니다. 이곳에서는 바람이 한결 시원합니다. 저수지는 상상했던 것보다 넓었습니다. 이곳은 멸종 위기종인 철새들이 날아와 서식하는 곳이라는데, 새 한 마리 보이지 않습니다. 뭉게구름들만이 저수지 수면 위에 그림 그리기를 하고 있을 뿐입니다.

저수지를 오른쪽으로 끼고 길은 나 있습니다. 강렬한 태양을 피할 그늘이 절실합니다. 언제쯤 숲길이 나올까? 사막을 건너는 순례자처럼 타박타박 걸어갑니다. 인적은커녕 움직이는 것 하나 보이지 않는 한낮의 풍경은 적멸의 시간입니다.

특전사 숲길이라는 팻말이 나타났습니다. 제주 중산간의 숲을 어떻게 통과할까 고민하던 올레 탐사 팀에게 반가운 소식이 날아들었습니다. 제주도에 주둔하는 특전사 병사들이 팔을 걷고 나선 것입니다. 총 길이 3킬로미터에 달하는 숲길을 나무가 다치지 않게, 한두 사람이 다닐 수 있을 정도의 폭으로 작은 오솔길을 만들었습니다. 8코스 바닷길을 만드는 데는 해병대가 나섰고 이제 숲길은 특전사가 나섰습니다.

비밀의 정원 같은 숲길을 갑니다. 나를 괴롭히며 따라오던 8월의 뜨거운 태양도 이곳 숲속까지는 미치지 못합니다. 아직 아무도 지나가지 않았는지 거미줄이 앞을 가로막고 나섭니다. 숲속에 침입자가 나타났다는 소리에 어린 꿩인 꺼병이들이 종종거리며 숲속으로 사라지고 있습니다. 돌멩이로 만든 앙증맞은 쉼터에서는 만든 정성에 보답이라도 해야 할 것 같아 잠시 앉아 보기도 합니다. 작은 숲길들은 이어졌다 끊어졌다 반복되었습니다. 다만 고사리 숲길, 고목나무 숲길 등으로 이름만 바뀔 뿐입니다. 길이 열린 지 얼마 되지 않아서인지 올레꾼은 보이지 않습니다.

작은 숲이
아름답습니다

소나무 숲길 아래 배낭을 베고 누웠습니다.
숲 사이로 쏟아져 내리는 햇살들이 보석입니다.
새들이 노래를 들려주고, 숲을 지나온 바람은 향기를 담아 부채질을
해 줍니다.
작은 숲이 아름답습니다.
오솔길이 아름답습니다.
이 길을 빨리 걷는 것은 시간의 낭비입니다.
놀멍, 쉬멍, 할 때마다 행복은 그 만큼 더 내 몫으로 다가옵니다.
바당올레를 걸을 때면 바다가 가장 좋은 것 같더니,
숲길 올레에서는 숲이 더 좋은 것 같습니다.
숲과 바다 사이에서 나는 행복한 고민에 빠지고 말았습니다.

고사리 숲길에서 처음으로 올레꾼을 만납니다.
중년의 부부인 듯한 두 남녀가 서로 앞서거니 뒤서거니 길을 걷습니다.
같이 살아간다는 것은 겉모습까지도 닮아가나 봅니다.
"두 분 참 행복해 보입니다."
"웬걸요, 방금 전까지 우리 부부는 다투며 걸었는걸요."
말은 그렇게 하였지만 두 사람은 환하게 웃었습니다. 두 사람은
꽃이름이나 풀이름을 서로 우기다가 다툰 모양입니다. 고사리숲 사이로
사라져가는 두 사람을 한참이나 서서 지켜보았습니다.
새 한 마리가 지지배배거리며 부부 올레꾼을 따라갑니다.

쉼팡마을

숲길 지나자 처음으로 마을을 만났습니다. 낙천(樂泉)리 아홉굿
마을입니다. 걸리버 여행기 거인 왕국에 나올 법한 거대한 의자가 마을을
내려다보고 있었습니다.

낙천리는 과거 풀무업(대장간)이 번성했던 곳이었습니다. 틀 만드는 데
필요한 흙을 파내다 보니 마을에 9개의 연못(굿)이 생겨서 '아홉굿 마을'로
불리게 된 것입니다.

마을에는 천 개의 의자 공원이 있습니다. 방문객들이 편안하게 쉬어갈
수 있게 나무의자 천 개를 제작, 설치하면서 제주 방언으로 '쉼팡마을'이
되었습니다.

이 일을 기획하고 총 지휘한 설치미술가 양기훈 씨를 만나보았습니다.
그는 마을 전체를 하나의 공공미술의 장으로 만들고 싶었다고 했습니다.
이 마을에 오면 아홉 가지 좋은 일(아홉Good)이 생긴다며 사람 좋은 얼굴로
껄껄 웃었습니다. 그는 오늘 같은 한여름 뙤약볕 아래, 혹은 빗길을 뚫고
길을 걷는 올레꾼들의 얼굴이 성자처럼 보인다고 했습니다.

의자 하나하나마다 익살스런 이름이 붙어 있었습니다.
'달리는 의자'
'평계 없는 의자'
'익사한 생선'
'국 데워라 금순아'
'앉아 임마'

다양한 이름의 의자를 보다 보면 웃음이 절로 납니다. 이 이름들은 인터넷으로 공모한 이름이랍니다. 달리는 의자를 지은 사람은 마라톤 선수일까? 작은 나무 한 그루 아래 있는 의자는 '천년 백수' 의자입니다. 어느 백수가 공모한 이름인 것 같아 가슴이 짜안합니다. '박지성부인' 의자도 있습니다. 축구선수 박지성이 장가들기를 바라는 팬이 지은 것 같습니다. 여러 이름들은 세태를 반영하고 있었습니다.
'인생 뭐 있어!'
의자에 앉아 길 위에서 보낸 지난날을 반추해 봅니다.

테마마을 회관에서 보리수제비와 보리빵으로 요기를 하고 다시 출발입니다. 길은 점점 내륙으로 들어가고 있습니다. 낙천잣길을 지나고 용선달리를 지납니다. 큰 당산나무 아래에서 쉬고 있자니 마치 누군가가 새참이라도 이고 나타날 것 같은 정겨운 곳입니다.
13코스의 끝자락인 저지오름이 저만치서 나를 부르고 있었습니다.

오늘의
에필로그,
이보다 더
좋을 순 없다

저지오름은 닥나무가 많아서 닥몰오름으로 불렸는데 저지는 닥나무(楮)의
한자식 표현입니다. 2007년 아름다운 숲 전국대회에서 대상을 수상한,
제주도에서도 손꼽히는 아름다운 숲입니다. 울창한 숲길을 따라 오름에
올라 봅니다. 울창한 숲으로 인해 분화구도, 바다도 숨어 버렸습니다. 원래
이 오름은 초가지붕을 덮을 때 사용하던 새(띠)가 많았던 오름이었는데,
마을 주민들이 나무를 심어 오늘의 울창한 숲이 되었다고 합니다.
분화구를 한 바퀴 돌아 나오자 정상 전망대가 나타납니다. 비양도와
차귀도 앞 바다가 일망무제 펼쳐집니다. 용당 풍력발전소의 바람개비까지
그 풍경에 가세합니다. 오늘의 에필로그, '이보다 더 좋을 순 없다.'

14 코스
저지오름 ~ 한림항

혼자 길을 걸을 적에는
바다에 떠 있는 섬 하나라도 길동무가 됩니다.
이 올렛길은 비양도가 있어 덜 외로울 것 같습니다.

길 위에서
선지식을
만나다

모슬포 버스정류장에서 신창행 버스를 기다렸습니다. 정류장에는 노인들 몇몇이 버스를 기다리고 있었습니다.

"올렛길 가십니까?"

작은 배낭에 스틱을 든 노인이 말을 걸어 왔습니다. 이제 제주에서는 복장만 봐도 아! 이 사람이 올레꾼이다, 아니다, 그 정도는 알아봅니다. 그런데 이 노인은 복장을 봐서는 올레꾼 같지만 연세가 지긋한 현지인처럼도 보여 올레꾼으로 단정짓기에는 어려웠습니다.

그는 내게 오늘 어느 코스를 걸을 건지에 대해서 물었습니다. 새로 개장한 14코스를 걸으러 가는 중이라 말씀드렸더니 괜찮다면 동행해도 될지를 물었습니다. 눈대중으로 어림잡아 칠순은 넘어 보였지만 눈빛만은 살아 있었습니다. 우리는 함께 버스를 타고 신창으로 향했습니다. 올렛길이란 이런 만남도 가능하게 합니다.

14코스 출발지는 저지마을입니다. 신창에서 내려 읍내 순환버스를 기다렸지만 버스는 오지 않았고, 정류장 옆 가게 주인은 방금 버스가 떠났노라며, 족히 한 시간은 기다려야만 버스가 온다고 하였습니다. 제주의 시골 면 소재지에서 낯선 노인과 시간을 보낼 마땅한 구실을 찾지 못해 나는 거리를 기웃거렸습니다.

"막걸리 한잔하시겠습니까?"

그는 구멍가게를 살피며 나에게 동의를 구했습니다. 내가 고개를 끄덕이자 반색을 하며 가게 안으로 들어갔습니다. 가게 옆 평상에 앉아 우리는 말없이 막걸리를 마셨습니다.

길에서 만난 낯선 노인과 마시는 한 잔의 막걸리는 특별했습니다.
막걸리 한 통이 비워져 갈 무렵, 그가 입을 열었습니다.
그의 연세는 일흔셋, 췌장암 선고를 받고 절망에 빠져 있던 그가,
마지막으로 택한 길은 신에 대한 기도와 걷는 일이었다고 합니다.
그는 제주 올렛길을 걸으며 순례자가 되기로 마음먹었답니다. 그의 기도는
마지막 삶을 의미 있는 일에 쓰게 해달라는 것이었습니다.
그의 기도가 하늘에 닿았던 것일까요? 올렛길을 걸은 지, 일 년 남짓,
놀랍게도 그의 몸에서 암이 사라졌다고 했습니다. 나는 마치 간증대회에
나온 종교인처럼 그의 얘기를 듣고 있었습니다. 그는 이제 한 도시의
기차역 앞에서 배고픈 사람들을 위해 밥차를 운영중이라 합니다.
그리고 시간 나는 대로 이렇게 올렛길을 찾는다고 합니다.
그가 처음 나를 따라나선다고 했을 때, 이 노인이 짐이 되면 어쩌지?
혼자 조용히 걷고 싶은데 방해가 되지 않을까? 짧은 순간이었지만
망설여졌던 마음이 부끄러워지기 시작했습니다.
법을 구하기 위해 선지식을 찾아 나선 선재동자처럼 나는 길 위에서
또 한 사람의 선지식을 만나게 되었습니다.

저지 마을에서도 그는 물 대신 막걸리 한 통을 사서 배낭에 넣었습니다.
농로를 따라 이어지는 올렛길을 터벅터벅 걸어가는 그의 뒷모습이
성자처럼 평안해 보입니다. 저 풍경을 바라보는 것만으로도
제게는 위안이 됩니다.
제주 중산간의 인적 없는 농로를 따라 낯선 인생 선배와 길을 갑니다.
올렛길이어서 가능한 동행입니다. 제주 중산간의 가을풍경이 길 양쪽으로
펼쳐집니다. 어린 양배추의 모종들과 누렇게 익어가는 산디(밭에 심는 벼)
밭이 가을 풍경을 수놓고 있습니다.

'큰소낭 숲길'이라는 안내 표지판을 지나, 소나무 아래 만들어진 평상에서
잠시 쉬어 갑니다. 초콜릿을 안주 삼아 메고 다니던 막걸리를 마셨습니다.
막걸리 안주에 초콜릿이라, 올렛길이어서 어울리는 술안주입니다.

'오시록헌 농로길'에 접어들었습니다. 오시록헌 길 초입에서는 하늘이
보이지 않습니다. 시작은 숲길이기 때문입니다. '오시록헌 길'이란
제주 말로 사람이 잘 다니지 않는 한적한 길을 이르는 말입니다.
숲이 끝나고 억새와 강아지풀 이어지는 돌담길로 바뀝니다. 잡초 우거진
흙길입니다. 노인은 작은 들꽃 하나에도, 돌담 하나에도, 살아 있음에
감사 기도를 드립니다. 길을 걷는 틈틈이 그는 노루처럼 지나온 길을
한참씩 뒤돌아보곤 하였습니다. 노루는 달려가다 꼭 한 번씩 서서 뒤를
돌아다보는 습성이 있습니다. 노인에게 내가 노루 같다고 놀리자 그는
이렇게 말했습니다.
"젊어서는 정신없이 앞만 보고 달려왔었지, 이렇게 서서 내가 지나온 길을
뒤돌아볼 줄 아는 여유가 생긴 것도 얼마 되지 않았지."
우리 모두는 저 노인의 말처럼 지나온 길을 돌아보러 이 올렛길을 걷는지도
모릅니다.
부엽토 푹신푹신한 굴렁진 숲길을 지나고 양치류들 무성한 월령숲길을
지납니다. 이 숲길은 마치 곶자왈 숲길과 닮아 있었습니다.
길은 무명천이라는 하천을 타고 월령 포구까지 이어집니다.
억새와 야생화 너울거리는 무명천을 따라 걸어가는 그의 뒷모습이
환영처럼 아른거립니다. 어쩌면 그는 이미 저 풍경너머 시간 속으로
걸어가고 있는지 모릅니다.

올렛길이 바다와 만나는 월령리에 이르자 가을비가 세차게 내렸습니다. 병마에 시달렸던 노인이 세찬 비바람 속에서 우산 하나로 길을 걷기에는 무리였습니다. 노인을 태운 버스가 빗속으로 사라진 후까지 나는 한동안 한길에서 우두커니 서 있었습니다. 그 노인이 오늘 돌아본 길 속에는 내 모습도 포함되어 있겠지요.

노인을 보내고 다시 혼자가 되었습니다. 늘 그랬던 길입니다.

월령리
선인장 마을

월령리 마을은 온통 선인장 세상입니다. 바닷가 바위틈에도, 담장 밑에도
온통 선인장입니다. 손바닥처럼 생겼다 하여 이름도 앙증맞은 손바닥
선인장입니다. 멕시코가 원산지라는데 참 멀리까지도 와 뿌리를
내렸습니다. 해안가에 일가를 이룬 걸 보면 필시 바다를 통해 먼 여행을
떠나온 모양입니다. 멕시코사막에서 보았던 선인장에 비해 아주 키가
작습니다. 이 선인장들의 타국생활이 멕시코 애니깽 농장에서 뿌리를
내렸던 한국인들만큼이나 힘들었나 봅니다. 그래도 붉은 열매를 저리도
많이 맺은 걸 보면 참 대단한 생명력입니다.
태평양 멕시코 연안을 여행하듯 월령리 해안길을 걸었습니다.

월령코지 지나서면서부터 비양도는 점점 가까이 다가옵니다.
혼자 길을 걸을 적에는 저렇게 바다에 떠 있는 섬 하나라도 길동무가
됩니다. 한림항까지 이어지는 이 올렛길은 저 비양도가 있어
덜 외로울 것 같습니다.

마지막 원담을
지키는 노인

금릉 해수욕장 서편으로 물이 빠지자 검은 바위들이 밭의 돌담장처럼
드러났습니다. '원담'이라는 바다의 밭입니다. 조수간만의 차를 이용해
돌을 쌓아 물고기를 가두어 잡는 원시적인 어업법입니다.
내 고향 남해에는 '죽방렴'이라는 원시적인 고기잡이 방식이 있습니다.
역시 이곳과 마찬가지로 조수간만의 차를 이용하지만 내 고향에서는
그물을 이용한다는 게 다릅니다.
여든이 다 된 노인이 뜰채를 들고 물이 빠진 돌담 안을 살핍니다.
송사리처럼 생긴 작은 물고기 몇 마리 헤엄칠 뿐, 큰 고기들은 보이질
않습니다. 물고기가 보이지 않자 노인은 물살이 흐트러뜨리고 간 돌담들을
다시 쌓기 시작합니다.
썰물이 빠져 나간 바다에는 원담이 세 개나 됩니다. 수원, 마른원, 모살원,
할아버지는 평생을 가꾸어 온 원담들의 이름을 들먹이며 지나간 시간들을
곱씹습니다.
"멜(멸치)이 많이 잡힐 때에는 온 동네 사람들이 나와 젓갈을 담았지."
오전에는 이만한 문어도 한 마리 잡았다며 팔뚝을 들어 보였습니다.

"방어 같은 큰 고기는 안 잡히나요?"
"방어나 부시리 같은 큰 고기는 물쎈 가파도나 비양도 부근에 나가야 잡히지. 한라산에 서릿발이 내리면 방어나 부시리가 맛이 들지. 암!"
"할아버지 떠나시고 나면 누가 이 어장을 이끌어가나요?"
"나 죽으면 그만이지 뭐, 젊은 사람들이 이런 일 할려고 하남……."
물이 빠져나가는 원담에는 아무 것도 건질 게 없습니다. 할아버지는 멀리 비양도를 바라봅니다. 어쩌면 삶의 물살이 빠져나가는 것을 바라보는 것일지도 모릅니다.

자전거로 여행 중이던 한 젊은이, 금릉 아름다운 바다에 그만 넋을 잃었습니다.

진실된 것은
두 눈에 보이는 것이 아니라
마음으로 읽어야 한다

철 지난 협재 백사장을 맨발로 걸어갑니다. 파도에 닳고 닳은
조개껍질들이 발바닥을 간질입니다. 파도가 밀려나간 백사장은 마치
은가루를 뿌린 듯 반짝거립니다. 이곳 모래는 대부분이 조개껍질 부서진
것입니다. 어린 남매가 바다를 향해 걸어 들어갑니다.
한참을 들어갔는데도 물은 발목언저리에서 찰랑거릴 뿐입니다.
아이들이 향하는 곳은 비양도입니다.
섬은 생텍쥐페리의 어린왕자가 그린 그림 같은 형상으로 바다에 떠
있습니다. 어린왕자가 그린 그림을 보고 어른들은 모두 모자를 그렸다고
말했지만 어린왕자는 '코끼리를 삼킨 보아뱀'을 그린 것이었습니다.
아이들은 비양도 앞바다에서 어린왕자를 만나고 있었습니다.

파시(波市)

퍼덕이는 생선들, 선원들의 왁자지껄한 고함소리,
파시(波市)가 열린 한림항은 살아 숨 쉬고 있었습니다.

올렛길은 이곳에서 바다를 건너지 못하고 비양도 뱃머리에서 끝이 났습니다. 천 년의 섬 비양도에도 올렛길이 있다며, 비양도가 올레꾼들을 유혹합니다. 천 년의 섬이란 유혹에 몇 몇 호기심 많은 올레꾼들이 과외 올레를 꿈꿉니다.

과외올레
날아다니는 섬 비양도

연락선 끊어진 비양도의 시간은
천 년의 섬에 갇혀 따로 흐르고…….

날아다니는 섬
비양도

아홉 시, 비양도로 가는 배가 고동을 길게 올렸습니다. 천 년 전의 시간으로 떠나는 여행이 시작되었습니다.
"고려 목종 5년(1002년) 6월에 산이 바다 가운데서 솟았다. 산에 네 구멍이 터지고 붉은 물을 5일 동안 내뿜었다. 그 물이 엉켜 기왓돌이 되었다."
'신증동국여지승람'에는 비양도화산폭발 기록을 이렇게 적어두었습니다.
연락선으로 15분 정도 달려오자 어느새 도착입니다. 배에서 내린 몇몇 올레꾼들은 어디로 가야 할지 사방을 두리번거립니다. 그러나 이곳에서는 올렛길 표시인 푸른 화살표도 없으니 그냥 내가 걷는 길이
올렛길이 될 것입니다.

먼저 비양봉에 올라 방향을 살펴보려 합니다. 작은 돌담으로 둘러쳐진 마을 올렛길을 돌아 비양봉으로 오르는 산책로가 나 있었습니다.
오름 중턱으로 억새들이 춤을 춥니다. 같은 연락선으로 온 두 올레꾼과 동행입니다. 모녀간인 그녀들의 걸음걸음마다 정겨움이 묻어납니다.
모녀간이 아니라 친구 같습니다. 우리는 서로 앞서거니 뒤서거니 낮은 언덕 같은 오름을 올랐습니다. 길섶 잡목에 산머루 주렁주렁 익어갑니다.
딸은 머루를 따면 안 된다며 우겼지만 어머니 올레꾼의 배낭 위에는 머루 한 송이가 보석처럼 매달려 있습니다. 자연보호도 좋지만 이 가을, 익어가는 머루 한 송이 정도는 아량으로 봐 달라며 모녀는 웃었습니다.
머루만큼이나 이들의 사랑도 익어갑니다.

비양봉 정상에 올랐습니다. 등대 뒤에 방목하고 있는 염소들이 갑자기
나타난 올레꾼을 보고 놀라 벼랑 아래로 내달립니다.
억새풀 너머로 한라산은 장엄하게 솟아 있습니다. 이곳에서 보는 제주도는
거대한 육지입니다.

해안도로를 한 바퀴 걸어봅니다. 비양도 동쪽 해안은 국내 유일의
화산탄지대입니다. 화산 분출시 날아온 돌 중, 고래형 화산탄은 둘레
10미터, 높이 2미터의 세계 유래 없는 초대형이랍니다. 당시의 엄청난
폭발력을 짐작케 합니다.
비양도 전설에는 섬이 날아와 이곳에 내려앉았다고 합니다. 거대한 돌들이
하늘을 날아다니는 걸 보고 섬이 날아다닌다고 하지 않았을까요?
날아다니는 섬 비양도, 상징으로 가득한 지명입니다.
화산분출물 중 하나인 붉은 '스코리아'는 채 식지 않은 용암더미처럼

보입니다. 화산분출의 원형을 고스란히 간직하고 있는 비양도는 살아 있는 자연사 박물관입니다.

섬을 한 바퀴 돈 후에는 딱히 할 일이 없습니다. 한림항으로 떠나는 배는 오후 3시나 되어야 있습니다. 그 할 일 없음을 즐기는 것이 비양도에서 할 일입니다. 연락선 끊어진 비양도의 시간은 천 년의 섬에 갇혀 따로 흐르는 것 같습니다. 과연 섬 밖 세상과 섬의 시간은 같이 흐르는 것일까요?

드라마 '봄날'의 조형물 곁에서 잘생긴 배우들의 사진을 보거나, 하릴없이 선착장을 어슬렁거려 보기도 합니다. 호돌이 식당 담장에 열려 있는 무화과를 몰래 따먹어 보기도 하고, 그 집 개구쟁이 아들의 박 터진 이야기도 들어 봅니다. 녀석은 머리에 온통 붕대를 감고서 온 섬을 누비고 다닙니다. 학생이 단 두 명뿐인 비양분교 아이들과 기념사진도 찍어 봅니다. 그래도 심심하면 민경상회에 들러 막걸리 한잔하며, 드라마 '봄날' 촬영 에피소드도 들어 봅니다.

섬의 '갇힌 시간'을 즐기고 있을 즈음 연락선 고동소리와 함께 바깥세상의 시간이 밀려옵니다. 일상이 다시 나의 몸을 감쌉니다. 바깥세상의 시간은 늘 그렇듯 조급하고 촉박합니다. 그래도 뒤 돌아 섬의 시간에 작별을 고합니다. 짧았지만 이곳에서 만나고 부대끼고 정들었던 시간은 두고두고 나에게 그리움으로 기억 될 것입니다.

올렛길
찾아가기

* 이정표의 괄호 안 숫자는 출발점부터의 누적거리임
* 휴대전화를 제외한 모든 전화번호는 제주 지역번호임 (064)

|1코스| 시흥 ~ 광치기 올레

| 코스 경로 |
총 15km, 4-5시간 소요
시흥초교-말미오름(2.9km)-알오름(3.8km)-종달리 회관(7.3km)-종달리 소금밭-성산갑문(12.1km)-광치기 해변(15km)

| 교통 |
제주공항에서 100번 시내버스를 이용, 제주 시외버스터미널에 도착. 동회선 일주버스(성산 경유)를 갈아타고 성산 시흥교회(정류장 명칭) 앞 하차.

| 숙박 |
시흥리 할머니 민박집: 서귀포시에 혼자 사는 할머니 집을 도배하고 이부자리도 새로 장만해 깨끗하다. 다소 불편하지만 외갓집에 온 것 같은 푸근한 느낌을 받을 수 있는 민박집이다.
초롱민박: 782-4589, 011-691-4580, 해녀 출신이 운영하는 민박집으로 직접 따온 해산물을 먹을 수 있다. 성산초등학교 부근.
성산포빌리지: 784-8940, 1코스 종점 광치기 해변에서 일출봉 방향으로 5분 거리에 있다.
라까사인펜션: 782-0399, 1코스 시작점인 시흥초등학교에서 가장 가까운 숙소다. 시흥 해녀의 집에서 10분 정도 거리에 있다.
쏠레민박: 784-1668, 011-692-1438, **강태여할망 민박**: 782-7753, **오신생할망 민박**: 016-9838-4773, **강병희이장민박**: 011-691-3278

| 먹을거리 |
시흥 해녀의 집: 782-9230, 조개죽과 전복죽이 유명한 곳. 해녀들이 수확한 해산물로 요리하며 주민들이 직접 운영.
오조해녀의 집: 784-0893, 종달~시흥 해안도로 끝 성산갑문 인근. 해녀들이 직접 운영하는 곳으로 전복죽과 조개죽이 유명하며 민박도 겸하고 있다.
수마포 해변 해녀 노점: 일출봉 아래에 있는 이곳에서는 그날 딴 해산물을 저렴하게 판다.
광치기 해산물촌: 광치기 해변에 있다. 성게국, 각종 해산물 등을 먹을 수 있다.

|1-1코스| 우도 올레

| 코스 경로 | 총 16.1km, 5-6시간 소요
천진항-쇠물통언덕(0.8km)-서천진동(1.4km)-홍조단괴해빈해수욕장(2.2km)-하우목동항(3.2km)-오봉리 주흥동 사거리(4.4km)-탑다니탑(5.8km)-하고수동해수욕장(7.7km)-비양도 입구(8.7km)-조일리 영일동(11.8km)-검멀레해수욕장(12.7km)-망동산(13.6km)-꽃양귀비 군락지(13.9km)-우도봉 정상(14.3km)-돌칸이(15.4km)-선진항(16.1km)

| 교통 |
제주 시외버스터미널 또는 서귀포에서 성산행 버스 이용, 성산포에서 하차. 성산항까지 걸어서 15분.
성산항~우도 청진항: 오전 8시~오후 6시 30분, 1시간 간격 운항. 15분 소요.
어른 2,000원(편도), 소인 700원.
문의: 우도해운 성산사무실 782-5671. 우도사무실 783-0448.

| 숙박 |
홍조단괴 해빈 해수욕장 근처
섬하야성 민박: 784-4487, **하늘이 민박**: 783-0235, **산호풍경**: 783-3542
검멀래해변 근처
동굴리조트: 784-6687

| 먹을거리 |
일해횟집: 782-5204, 홍조단괴해빈 해수욕장 근처.
해광식당: 782-0234, 하고수동 해수욕장 근처. 보말칼국수 맛이 일품.
해와달 그리고 섬식당: 784-0941, 비양도 입구 근처. 우럭지리가 유명.
동굴밥상: 784-6678, 검멀래 해수욕장 근처.

| 2코스 | 광치기~온평 올레

| 코스 경로 |
총 17.2km, 5-6시간 소요

광치기해변-저수지-방조제 입구-식산봉-오조리성터 입구(4.1km)-성산 하수종말처리장(6.82km)-고성윗마을-대수산봉 입구(11.9km)-대수산봉 옛 분화구-대수산봉 정상(12.7km)-대수산봉 아래 공동묘지(13.4km)-혼인지(16.4km)-정한수터-온평초교-백년해로나무-우물터-온평포구(17.2km)

| 교통 |
제주 공항에서 100번 시내버스를 이용, 제주시외버스터미널 도착, 동회선 일주버스(성산 경유)를 갈아타고 성산리(성산 입구 삼거리) 하차.

| 숙박 |
둥지황토민박:011-698-8805, 혼인지 부근에 있는 펜션. 올레꾼들에게 인기가 좋다.
성산한방 찜질방:782-5552
빌리켄찜질방:784-5579, 성산읍사무소부근.
소라의 성 민박:784-6363, 온평포구 인근.

| 먹을거리 |
아바이순대:784-0059, 광치기해변과 하수종말처리장 사이. 순대국밥, 순대정식 유명.
온평리 생활개선회 식당:782-8689, 성게칼국수 유명.
호떡분식:782-5816, 고성리 흥마트 사거리.
둥지황토마을 식당:011-698-8805, 둥지 황토마을 펜션 내.

|3코스| 온평~표선 올레

| 코스 경로 | 총 22km, 6-7시간 소요

온평포구-온평도댓불(옛날 등대)-중산간 올레-난산리-통오름(9km)-독자봉-삼달리-김영갑 갤러리 두모악(14km)-신풍리-신풍, 신천 바다목장올레(17km)-신천리 마을올레-하천리 배고픈 다리(20km) 표선1,2백사장-당케포구(22km)

| 교통 |

제주 공항에서 100번 시내버스로 제주 시외버스터미널로 간 다음 동회선 일주버스를 갈아타고 온평초등학교 하차(온평포구까지 1km 남짓 걸어야 함).

| 숙박 |

세화의 집 민박 : 787-7794, 여자들만 묵을 수 있는 가정집 민박. 올레길에서 약간 떨어져 있지만 부근에서 전화하면 픽업 가능. 워낙 인기가 좋아 예약 필수.

소라의 성 민박 : 784-6363, 온평포구 인근.
해비치호텔&리조트 : 780-8000, 표선 해수욕장에 있는 6성급 호텔과 리조트. 제주올레 패키지 상품, 올레꾼을 위한 특별 게스트하우스 운영.
가원비치민박 : 787-0063, 표선 해수욕장 부근의 민박집. 4~8명이 잘 수 있는 방 5개 구비.

| 먹을거리 |

소라의 성 해녀식당 : 784-6363, 온평리 포구에서 서쪽으로 약 500m 떨어진 바닷가에 있음. 온평리 해녀들이 운영. 전복죽과 백반 유명.
다미진횟집 : 787-5050, 당케포구에 위치.
낭구지횟집 : 787-7711, 당케포구에 있으며 현지인들에게 인기. 생선지리가 일품.
춘자국수 : 787-3124, 표선면사무소 부근. 간판은 없으나 멸치 우려낸 국수 맛이 일품.

|4코스| 표선~남원 올레

|코스 경로| 총 23km, 6-7시간 소요

표선 당케포구 잔디광장-방애동산-해비치호텔&리조트 앞-갯늪-거우개-흰동산-가마리개(5.5km)-가마리해녀올레-멀개-가는개-샤인빌 바다산책로(9km)-토산새동네-망오름(11km)-거슨새미-영천사(노단새미)-송천 삼석교(14km)-태흥 2리 해안도로-햇살좋은 쉼터(21.5km)-남원해안길-남원포구(23km)

|교통|

제주 시외버스터미널에서 표선 민속촌행 버스를 타고 가다가 종점에서 하차(당케포구까지 200m).

|숙박|

와하하 게스트하우스: 787-4948, 도보여행자를 위한 전용 숙소. 표선해수욕장에서 서쪽으로 3km 거리의 바닷가에 있으며, 부근에서 픽업 가능. 그 외, 3코스에 소개한 숙소들 이용.

|먹을거리|

해비치호텔 양·한식당: 780-8000
남쪽나라 횟집: 787-5556, 샤인빌리조트 인근.
남원 범일분식: 764-5069, 주인 할머니가 직접 만든 순대국밥집. 주민들 사이에서 입소문이 자자함. 포구 윗길, 패밀리 마트에서 서쪽으로 직진 200m.
마당갈비 식당: 764-5989, 남원 사거리에 있으며, 메밀과 무를 넣고 끓인 돼지고깃국이 유명.

| 5코스 | 남원~쇠소깍 올레

| 코스 경로 | 총 15km, 4-5시간 소요

남원포구-큰엉 경승지 산책로(3km)-신그물-
동백나무군락지(6.5km)-위미항 조배머들코지
(8km)-넙빌레-공천포 검은 해수욕장(11km)-망
장포구-예촌망(13km)-효돈천-쇠소깍(15km)

| 교통 |

제주 시외버스터미널에서 남원읍행 버스 이용(정류
장에서 남원포구까지 200m).

| 숙박 |

티파니에서 아침을:764-9669, 남원포구에서 자
동차로 5분 거리에 있는 통나무 펜션.
금호 리조트:766-8000, 남원 큰엉 경승지에 있는
고급 리조트. 올레꾼들에게 숙박료 할인해 줌.
쇠소깍 민박:767-2900
* 가까운 서귀포 시내에 위치한 숙소를 이용해도 좋
다(6코스 숙박 참조).

| 먹을거리 |

공천포식당:767-2425, 공천포 해수욕장 바로 앞.
물회로 전국에 알려진 맛집.
아서원:767-3130, 해물짬뽕으로 소문난 중국집.
쇠소깍에서 효돈 방향으로 15분 거리.
수악관:764-2267, 위미에 있는 중국요리집.
황금분식:764-7896, 위미 킹마트 맞은편에 있는
분식집.

|6코스| 쇠소깍 ~ 외돌개 올레

|코스 경로| 총 15km, 4-5시간 소요
쇠소깍-소금막(756m)-제지기 오름(2.34km)-보목항구-구두미포구(3.95km)-서귀포 보목하수처리장(5.06km)-서귀포KAL호텔(6.82km)-파라다이스호텔(7.92km)-소정방폭포/소라의 성(8.17km)-서귀포초교(10.2km)-이중섭 화백 거주지(10.6km)-천지연폭포 생태공원(11m)-남성리 마을회관 앞 공원(12.2km)-남성리 삼거리(13.6km)-삼매봉-찻집 솔빛바다(15km)

|교통|
서귀포 중앙로터리에서 서귀공영 8번 버스 이용, 두레빌라(하레리) 하차. 쇠소깍까지 1.4km.

|숙박|
제주대 연수원: 732-6930, 보목리 구두미포구 부근. 제주올레 회원에 한해 예약 가능.
애순이네 민박: 011-600-3316, 서귀포 시내에 있는 가정집 민박으로 여자들만 이용가능.
남국호텔: 762-4111, 010-8492-0307, 시외버스터미널에서 5분 거리. 누구의 간섭도 받지 않고 조용히 지내고 싶은 올레꾼들에게 인기. 올레꾼들에게 할인가 적용. 1박 15,000원.
민중각 여관: 763-0501, 서귀포시 중심인 중앙로터리 인근. 올레꾼을 위한 게스트하우스로 묵어본 사람들로부터 후한 점수를 받는 곳.
건강나라 찜질방: 732-5300, 서귀포 시내.

|먹을거리|
어진이네식당: 732-7442, 보목 포구 맨 끝. 자리물회로 유명.
해녀식당: 732-3177, 보목 해녀들이 직접 운영. 보목 포구 바로 앞에 있음.
안거리 밖거리: 763-2552, 이중섭미술관 아래쪽에 있으며, 보리밥 정식으로 유명.
대도식당: 763-1033, 메밀반죽에 무를 채썰어 끓인 복국으로 제주에서만 먹을 수 있어 유명.
제주할망뚝배기: 733-9934, 서귀포 시민들이 즐겨찾는 맛집. 서귀포항 해군기지 맞은편.
수회식당: 762-0777, 오분자기뚝배기로 유명.
네거리식당: 762-5513, 갈치국으로 유명.

|7코스| 외돌개 ~ 월평올레

| 코스 경로 | 총 15.1km, 4-5시간 소요
외돌개-돔베낭길-펜션단지길-호근동 하수종말처리장(3.1km)-속골-수봉로(3.81km)-법환포구(4.79km)-두머니물-일강정 바당올레(서건도, 7.74km)-제주풍림리조트(8.88km)-강정포구(13.2km)-알강정(14.2km)-월평포구(15.1km)

| 교통 |
서귀포 중앙로터리에서 서귀공영 8번, 중문 우체국에서 서귀공영 5번 버스 이용, 외돌개에서 하차.

| 숙박 |
제주 풍림리조트: 739-9001, 강정천 바닷가에 자리한 리조트로 올레꾼을 위한 게스트하우스 별도 운영. 아침식사 포함 1인당 2만 원. 올레꾼을 위한 셔틀버스도 운행. 동으로는 6코스 쇠소깍까지, 서쪽으로는 화순해수욕장까지 하루 세 번씩 운행.
알레올레비엔비하우스: 011-894-3984, 제주올레에 매료되어 서귀포로 이주한 노부부가 운영하는 작은 민박집. 소박하고 격조 있는 분위기를 원하는 사람에게 적합. 예약은 필수. 법환리 마을 중앙에 있음.

바닷가 리조트: 739-2023, 돔베낭길이 끝나는 지점에 있는 전망 좋은 펜션.

| 먹을거리 |
막숙횟집: 739-2987, 막숙포구에 있음.
동환식당: 739-8644, 돼지고기를 푸짐하게 썰어 넣은 김치찌개가 일품. 법환리 포구 부근.
제주풍림 리조트: 739-9001, 다양한 메뉴로 차린 점심뷔페 7,000원.

|7-1코스| 월드컵경기장~고근산~외돌개

| 코스 경로 | 총 15.6km, 4~5시간 소요

서귀포 월드컵경기장-하영 농수산(1km)-월산동 입구(2.54km)-엉또폭포 입구(4.03km)-고근산 입구(6.26km)-고근산 뒷면(8.09km)-서호마을 입구(9.81km)-하논 입구(13km)-삼매봉 입구(14.9km)-외돌개(15.6km)

| 교통 |

제주국제공항에서 리무진 버스 이용, 월드컵경기장 하차. 서귀포 중앙로터리에서 서귀공영 8번, 중문 방향 버스 이용, 신터미널 하차.

| 숙박 |

워터월드 찜질방:739-1930, 월드컵경기장 내에 있는 사우나 찜질방. 바로 옆에 서귀포 신시외버스 터미널이 있어 편리. 6, 7코스에 소개한 숙박업소도 이용 가능.

| 먹을거리 |

고근산식당:739-6020, 제주 향토음식인 고기국수와 몸국이 맛있는 집. 월드컵경기장에서 고근산 오르는 길에 있음.
남호식당:739-8375, 제주 전통 보양식인 족탕 전문. 월드컵경기장에서 고근산 방향에 있음.
국수나 국밥이나:739-3382, 이름처럼 국수와 따로국밥이 맛있는 집. 신서귀포 강정문화회관 앞.
서귀포 오일장:매월 4일, 9일 열린다. 시장 내 놀부네 순대국밥이 맛있다. 서귀포시 동흥동에서 토평 가는 방향에 있음.

|8코스| 월평포구~대평포구

| 코스 경로 | 총 17.6km, 5~6시간 소요

월평포구-굿당 산책로(1.0km)-선궷내-대포포구(4km)-씨에스호텔(6.6km)-베릿내오름-돌고래쇼장(10km)-중문해수욕장-하얏트호텔 산책로-존모살 해안-해병대길(13.8km)-색달 하수종말처리장-열리 해안길-논짓물(15.3km)-동난드르-말소낭밭 삼거리-하예 해안길-대평포구(17.6km)

| 교통 |

제주국제공항에서 리무진 버스 이용, 국제컨벤션센터 하차 후, 1-서귀포 방향 시내버스로 월평마을 앞 하차(천해수산 이정표를 따라 1.2km 걸어가면 월평포구). 2-서귀포 중앙로터리에서 대포 방향 버스 이용, 월평마을(대해수산) 하차.

| 숙박 |

하얏트 리젠시 제주: 735-8471
대평민박: 738-0505, 대평리 마을.
써니데이제주: 738-1999, 대포포구 근처에 있는 통나무 펜션.
하얀 도화지: 011-693-0411, 예래생태마을에 있는 민박집 hayan-dohwaji.com.
큰갯물펜션: 738-4554, 대포항.
팡송예래펜션: 738-1133, 논짓물 근처 바닷가.
하얏트 리젠시 제주의 아쿠아뷰 스파: 올레꾼들에게 중간 휴식 장소로 인기 있는 스파. 특히 발 관리 프로그램은 올레 걷기로 쌓인 피로를 풀기에 좋다. 이 프로그램을 이용할 경우 전면 통유리로 바다를 감상하며 즐길 수 있는 사우나를 30% 할인된 가격으로 이용할 수 있다. 가격은 40분에 7만 원(부가세 별도). 문의 및 예약: 아쿠아뷰 735-8471, hyattjeju.com.

| 먹을거리 |

대평리 용왕난드로: 738-0915, 대평리 주민들이 공동으로 운영하는 음식점. 보말녹차수제비와 강된장비빔밥이 맛있음. 대평리 버스정류장 바로 옆.
보리술 식당: 738-3466, 지역민들에 잘 알려진 숨은 맛집. 예래동 주민센터 맞은편. 정식과 김치전골이 맛있음.
색달해녀의 집: 해녀들이 잡은 해산물을 먹을 수 있는 곳. 중문 해수욕장 부근.
씨에스호텔 한식당: 735-3000, 전통 초가집으로 지은 호텔내 한식당. 고등어김치조림, 은갈치조림 등.
레드브라운: 738-8288, 바리스타 주인이 직접 로스팅한 커피를 맛볼 수 있는 곳. 스파게티, 볶음밥도 가능. 대평포구 박수기정이 바라보이는 전망 좋은 집. 수요일은 쉰다.
물고기 카페: 070-8147-0804, 장선우 감독이 운영하는 카페. 제주의 돌집을 모던한 스타일로 리모델링함. 맛있는 커피와 빵, 식사도 가능. 월요일 휴무.

| 9코스 | 대평~화순 올레

| 코스 경로 |
총 8.81km, 4-5시간 소요
대평포구-박수덕-몰질(416m)-정낭-기정길-불레낭길-봉수대-황개천 입구 동산(3km)-화순선사유적지(3.6km)-진모르동산(5.1km)-가세기 마을올레(안덕계곡, 6.9km)-화순 귤농장길(7.4km)-화순항 선주협회사무실(8.81km)

| 교통 |
중문단지에서 대평리행 버스 이용, 종점 하차 후 바다 쪽으로 10분 정도 걸어가면 대평포구가 나온다. 서귀포 중앙로터리에서 대평행 버스 이용, 종점에서 하차.

| 숙박 |
대동민박 용왕난드르 마을 : 738-0915, 대평리.
소라민박 : 794-1561, 화순해수욕장 부근.
뉴제주 펜션 : 011-284-0255, 군산 중턱.

| 먹을거리 |
송도식당 : 794-9408, 보리 비빔밥이 맛있는 집. 화순 큰도로변.
황금미락 : 794-6789, 고등어회 정식이 일품. 화순해수욕장 입구.
화순반점 : 794-1157, 화순해수욕장 부근에서 배달가능.
해녀식당 : 738-0915, 대평포구에 자리한 맛있고 저렴한 식당.

|10코스| 화순~하모 올레

| 코스 경로 | 총 15.5km, 4-5시간 소요

화순항 선주협회사무실-화순해수욕장(360m)-퇴적암지대-사구언덕-산방산 옆 해안(1.84km)-용머리 해안-산방연대-산방산 입구(2.82km)-하멜상선전시관-설큼바당(4.02km)-사계포구(4.64km)-사계해안체육공원-마라도 유람선선착장(8.11km)-송악산 입구-송악산 소나무 숲-말방목장(10.5km)-알뜨르 비행장 해안도로(11.5km)-하모 해수욕장-모슬포항(하모체육공원, 15.5km)

| 교통 |

제주 시외버스터미널에서 평화로 경유 버스를 타고 화순리 하차. 바다 쪽으로 10분 정도 걸어가면 화순 선주협회 사무실이 있다. 서귀포 시외버스터미널에서 서회선 일주버스 이용, 화순리에서 하차.

| 숙박 |

소라민박: 794-1561, 화순해수욕장 부근.

멜케로그빌펜션: 792-3636, 하모해수욕장의 통나무 펜션.

산방산 게스트하우스: 792-2533, 모슬포-화순 간 일주도로변. 숙박 시 탄산온천 무료.

제주산방산탄산온천: 792-8300, 모슬포-화순 간 일주도로변. 세계 3대 탄산온천수로 꼽힘.

사이: 792-0042, 북카페 겸 게스트하우스. 조용한 곳을 원하는 여행자에게 좋음. 사계리 해안가.

| 먹을거리 |

상모해녀의 집: 010-5270-6116, 해녀들이 운영. 성게보말칼국수와 전복죽 유명. 송악산 지나 해안도로.

산방식당: 794-2165, 밀면으로 유명. 모슬포 시내 상설시장 인근.

항구식당: 794-2254, 자리물회와 한치물회 유명. 모슬포항 내.

송악산 식당: 796-5672, 송악산 선착장 옆. 성게물회로 유명한 식당.

|11코스| 모슬포~무릉 올레

|코스 경로|
총 21.5km, 6-7시간 소요
모슬포항(하모 체육공원)-섯알오름(3.7km)-백조일손묘 갈림길(5.7km)-이교동 상모2리 마을 입구(8.2km)-모슬봉 입구(10.3km)-정난주 마리아묘(13.7km)-신평마을 입구(15km)-곶자왈 입구(16.49km)-곶자왈 출구(19.4km)-인향동마을 입구(20.7km)-무릉2리 제주 자연생태문화체험골(21.5km)

|교통|
제주 시외버스터미널에서 대정행(평화로 경유) 시외버스 탑승, 모슬포읍내(종점)하차. 모슬포항 쪽으로 걸어가면 하모체육공원이 나온다. 서귀포 시외버스터미널에서 서회선일주도로 시외버스 탑승, 모슬포읍내 하차.

|숙박|
제주자연생태문화체험골: 792-2333, 11코스 종점에 있는 자연생태학교 숙소. 1인당 1만 원. 취사가능.
동성수산민박: 794-7034, 모슬포항.
다모인 건강랜드: 794-6477, 모슬포 매일시장 옆 불가마 찜질방.

|먹을거리|
풀내음식당: 792-4525, 011-323-4310, 무릉 인향동 곶자왈 부근. 정식과 순대국밥 유명.
신호등식당: 794-6111, 모슬포 시내 서쪽. 가정식백반이 푸짐하게 나온다.
우리마을식당: 794-1121, 대정읍사무소 옆. 돼지고기 모듬구이 유명.
상모2리 올레상점: 11코스 중간쯤에 있는 가게로 물이나 간식을 살 수 있음.

|12코스| 무릉~한경 올레

| 코스 경로 | 총 17.6km, 5-6시간 소요
무릉2리(제주자연생태문화체험골)-평지교회-신도연못(3.7km)-녹남봉-(구신도초교)-고인돌-도원횟집-신도 앞바다(8.5km)-수월봉-엉알길-자구내포구(13km)-당산봉-생이기정 바당길-용수포구(절부암, 17.5km)

| 교통 |
제주 시외버스터미널에서 모슬포행(평화로 운행)버스 탑승, 모슬포에서 산창~모슬포 순환버스 타고 좌기동 보건소앞하차, 무른생태학교로·이동(100m). 서귀포 시외버스터미널에서 서회선 일주도로버스 탑승 후 모슬포 하차.

| 숙박 |
제주자연생태문화체험골:792-2333, 11코스 종점에 있는 자연생태학교 숙소. 교실 반 정도의 큰 온돌방이 있음. 1인당 1만 원. 취사, 아침식사 가능.
동환식당민박:772-2955, 차귀도 앞 자구내포구에 있는 식당 겸 민박집.
차귀도 횟집민박:773-1114, 자구내포구에 있음.
노을이 아름다운 펜션:011-448-3935, 용수포구.

| 먹을거리 |
동환식당:772-2955, 차귀도 앞 자구내포구. 성게국과 매운탕 유명.
고산육거리식당:772-5560, 육개장과 내장탕 유명.
신도2리 도원횟집:011-639-4119, 12코스 중간 도원리 바닷가. 우럭매운탕과 한치, 물회, 김치찌개, 된장찌개가 맛있다.
풀내음식당:792-4525, 011-323-4310, 무릉 인향동 곶자왈 부근에 있는 식당으로 정식과 순대국을 먹을 수 있다.

|13코스 | 용수포구~저지오름

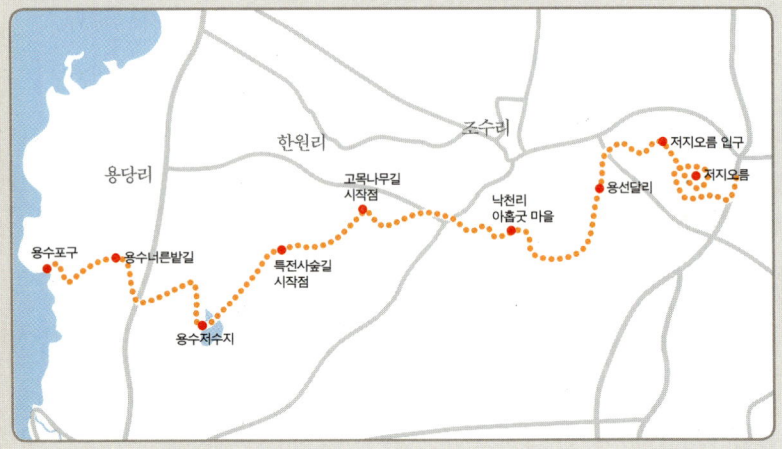

| 코스 경로 | 총 15.3km, 4-5시간 소요
용수포구-충혼묘지사거리(1.5km)-복원된 밭길(2.1km)-용수저수지 입구(2.95km)-특전사숲길 입구(4.7km)-고목나무길(6.56km)-고사리숲길(7.35km)-낙천리 아홉굿 마을(8.5km)-낙천잣길-용선달리(11.1km)-뒷동산아리랑길(11.6km)-저지오름 정상(13.1km)-저지마을회관(15.3km)

| 교통 |
제주 시외버스터미널에서 서회선 일주도로행 버스 탑승 후 용수리 하차(약 1시간 10분 소요). 용수 포구쪽으로 15분 정도 걸어간다.
서귀포 시외버스 터미널에서 서회선 일주도로행 버스 탑승 후 용수리 하차(1시간 20분 소요).
종점 저지리에 돌아갈 때는 저지리 마을회관 앞 버스 정류장에서 읍면 순환버스를 타고 모슬포나 신창에서 하차 후 서회선 일주도로행 버스로 갈아탄다.

| 숙박 |
저지리 마을 민박:070-7908-4111
낙천리 체험마을 민박:773-1947, 1인당 1만 원.
들메 농수산:011-692-1960, 저지리 '생각하는 정원' 부근에 있는 민박집.
에덴 빌리지:772-3808, 저지 '생각하는 정원'과 '유리의 성' 중간.

| 먹을거리 |
낙천리 아홉굿 마을회관:773-1946, 냉보리수제비, 보리빵 토스트, 보리비빔밥 등 판매.
새오름중식:772-5807, 13코스 종점인 마을회관 앞.
닥마루가든:772-5807, 저지리 파출소 옆 말고기 전문점.
신토불이가든:772-4458, 저지마을 입구. 꿩요리, 토종닭.

|14코스| 저지오름~한림항

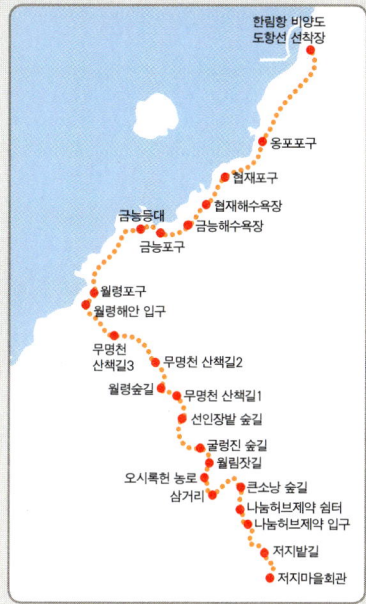

|코스 경로| 총 19.3km, 6~7시간 소요

저지마을회관-저지밭길(540m)-나눔허브제약 입구(1.53km)-나눔허브제약 쉼터(2.0km)-저지잣길(2.3km)-큰소낭 숲길(2.6km)-삼거리(3.67km)-오시록헌 농로(4.2km) 일림잣길(4.9km)-굴렁진 숲길(5.4km) - 야자나무 삼거리(5.7km)-선인장밭 숲길(6.1km)-무명천 산책길1(6.5km)-월령숲길(6.9km)-무명천 산책길2(7.4km)-무명천 산책길3(8.3km)-월령해안 입구(9.5km)-월령포구(10.2km)-금능등대(12.0km)-금능포구(12.7km)-금능해수욕장(13.2km)-협재해수욕장(14.1km)-협재포구(15km)-옹포포구(16.1km)-국립페류육종센터(17.4km)-한림항 비양도 도항선선착장(19.3km)

|교통|

제주 시외버스터미널에서 노형-중산간 버스를 타고 저지리 마을회관에서 하차.
제주 시외버스터미널에서 서회선 일주버스를 타고 신창(한경면 사무소 맞은편)에서 하차, 신창-모슬포 순환버스로 갈아타고 저지리 마을회관에서 하차.
서귀포에서 올 때는 모슬포 대정초등학교 입구 삼거리에서 하차 후, 대정읍사무소 앞에서 모슬포-신창 순환버스를 타고 저지마을 회관 앞에서 하차.

|숙박|

마레게스트 하우스:796-6116, 금능석물원 부근에 있는 게스트 하우스로 2층 침대가 놓인 도미토리 형식의 숙소.
월령코지펜션:796-7138, 월령코지 앞.
코지 하우스:796-0945
풍차와 바다 레스토랑:796-9966, 레스토랑 내부에 있는 천연동굴로 유명.

|먹을거리|

한림바다체험마을식당:796-1817, 010-3459-9817, 비양도행 뱃머리에 있음. 특히 우럭조림이 맛있다. 올레 14코스 여행 정보를 얻을 수 있음.
바다새식당:796-5672, 한림항에 있음. 음식이 맛있고 친절함.
중국관:796-0550, 삼선짬뽕 유명. 한림항 부근.
영일만식당:796-3875, 한림항 제주은행 뒤.
옹포별장가든:796-3146, 옹포리 울창한 숲속.

| 과외올레 | 날아다니는 섬 비양도

| 코스 경로 | 총 4.6km, 1-2시간 소요
비양항-비양등대(900m)-비양항(1.8km)-비양마을회관(1.95km)-코끼리바위(2.75km)-돌공원(3.05km)-자갈밭해변(3.3km)-야생화공원(4.0km)-한림초교 비양분교(4.4km)-비양항(4.6km)

| 교통 |
한림항에서 오전 9시와 오후 3시, 하루 두 번 배가 왕복한다. 요금은 왕복 3,000원이고 한림항에서 출발해 15분이면 비양항에 닿는다.
도선 시간 문의: 796-7522, 011-691-3929.
한림항에 무료로 주차할 수 있다.

| 숙박 |
민경상회: 796-8973
아람이네민박: 796-8490

| 먹을거리 |
호돌이식당: 796-8475, 특히 보말죽이 맛있다. 8,000원.

느리게 행복하게 걷고 싶은 길
제주 올레

초판 발행 2009년 12월 20일
3쇄 발행 2010년 10월 1일

지은이　　이해선
펴낸이　　진영희
펴낸곳　　(주)터치아트
출판등록　2005년 8월 4일 제406-2006-00063호
주소　　　413-841 경기도 파주시 탄현면 법흥리 1652-235
전화번호　031-949-9435　팩스 031-949-9439
전자우편　editor@touchart.co.kr

ⓒ2009, 이해선

ISBN 978-89-92914-27-7 13980

* 이 책 내용의 일부 또는 전부를 재사용하려면 반드시 저작권자와
  (주)터치아트의 동의를 얻어야 합니다.
* 책값은 뒤표지에 표시되어 있습니다.

* 이 도서의 국립중앙도서관 출판시도서목록(CIP)은
  e-CIP 홈페이지(http://www.nl.go.kr/ecip)에서
  이용하실 수 있습니다.(CIP제어번호: CIP2009003912)